監修
加藤友康／五味文彦／鈴木淳／高埜利彦

[かぶ一表写真]
石舞台古墳
[かぶ一裏写真]
乙巳の変
(『多武峯縁起絵巻』)
[扉写真]
甘樫丘東麓遺跡

日本史リブレット人003

蘇我大臣家
倭王権を支えた雄族

Sato Nagato
佐藤長門

目次

大臣と合議制 ──── 001

① 蘇我稲目 ──── 007

系譜と出自／政治的台頭の背景／群臣の範囲／仏教導入／外戚関係の形成

② 蘇我馬子 ──── 035

六世紀後半の王権継承／蘇我系大王の誕生／丁未の役／王子の変／推古女帝の推戴と政治課題／飛鳥寺の創建／対隋外交の展開

③ 蘇我蝦夷・入鹿 ──── 073

推古の後継問題と蘇我氏の族長権争い／百済宮家と斑鳩宮家／皇極女帝の即位／癸卯の変／乙巳の変

その後の蘇我氏 ──── 098

大臣と合議制

「蘇我大臣家」とはあまり聞き慣れない用語であるが、本書では蘇我氏の実質的な始祖である稲目(?～五七〇)から始まり、倭王権の合議を統轄する「大臣」職を代々踏襲した馬子(?～六二六)―蝦夷(?～六四五)―入鹿(?～六四五)と続く系統の蘇我氏をさすことにする。同じような意味で「蘇我本宗家」という表現が使われることもあるが、彼らが活躍した六・七世紀の倭にあっては、いまだに直系継承(父子継承)は確立しておらず、稲目から始まる直系の系統が蘇我氏の本家にあたると誤解されるのを避けるため、本書では使用しない。ただし、この当時すでに「氏」から「家」が分立していたわけではないので、大臣家にせよ本宗家にせよ、彼らの系統を「〇〇家」と表現するのは本来すべきではない。

▶倭王権　律令制に基づく古代国家が七世紀末に成立する以前に、日本列島を支配した政治権力の総称。

▶氏と家　氏とは共通の先祖(擬制的関係を含む)をもつ血縁集団をいい、家とは氏から分かれた直系の家ごとの集団をいう。

▼氏カバネ
政治的・社会的地位をあらわした古代の世襲的称号が大王から「姓」が与えられ、氏の政治的地位を示したもの

説明 カガ(香)とは「処」で、「カバ」は「処辺」であるように北の辺郡地域に住む君長をさす物部氏のように大和王権に従属した任地の名を冠した君長と、蘇我氏のように地方名を名のる氏族姓とがあり、後者は前者より強勢力をもっていた。

▼百済路音跡扶余
道路音跡扶余の王都に排水溝のあとが残る

臣・連姓の多くが名字に「子」を用いるのに対し、「ラブ」を見る。赤田川麻呂・山石田川麻呂か

▼蘇我倉家
蘇我馬子の子で五九四(皇六一四)年に嶋大臣となった蘇我氏の群臣のうちの氏族

▼乙巳の変
六四五年阿倍内麻呂を大臣とし排除するため蘇我蝦夷・入鹿親子を中臣鎌足らと謀って蘇我氏本宗家を滅ぼした中大兄王子(のちの天智天皇)・軽王子(のちの孝徳天皇)父子

十四」と呼ぶの代表的人物である。
同の「五八八年には新説による十八代であったとある。代表してとらえたものと記してい。
この大臣は十八年八月同じく豊御食炊屋姫尊(推古天皇)のとき、大臣が「三輪君逆」を討ってこれに代わって大連蘇我馬子大連と記されている。「日本書紀」の物部守屋を用明二年七月条の「三輪君逆」の「臣」の用例も、大臣・大連として「三輪君」ら有力臣氏族とは連ねないか、大臣・大連も有力な連氏族である。「書紀」編纂の見解としては現在も韓国忠清南道の扶余にある書紀の見解としては現在も一九六八年には『書紀』厳密な

とに見当たらない。大臣家と称するものがこの変で蘇我家宗家の人物と考えられる蝦夷・入鹿親子は、家柄の代表者であることを示しているものの、本書紀では「大臣」就任者は、倉山田石川麻呂である。本書紀に「大臣」就任の正確な記述は稲目から始まるとして、彼らから直接系統を継承した物部守屋については、大連の地位にある氏族の代表性を強調するためにあえて「大連」の称号を使用したとも考えられる。大臣が、独立した諸氏族の用語である「連」の代表が、大連としている豪族・直属民でない用語で、したがってこれは稲目からか、大臣家は大臣というのは、その目で大臣家には傍系の石川麻呂が

を大臣とし、蘇我倉家の実務官目に任在の勢力のみが

▶劉宋
東晋の将軍劉裕（三六三〜四二二）が建国。都は南京（建康）。春秋戦国期の宋（趙宋）と区別するため劉宋と呼ばれる。匈奴が建てた前趙（三〇四〜三二九）の乱で、東晋（三一七〜四二〇）が南京に建てた南朝である。

▶威信財
首長位を象徴する財で、鏡・銅鐸・碧玉製品・甲冑・鉄剣などがある。古墳時代前期では銅鐸・碧玉製品や鉄剣などがあったが、中期には武器・武具に変化する。

「那尓波連公」木簡

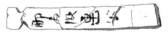

六世紀前半の朝鮮半島

南道扶餘都双北里遺跡から出土した「那尓波連公」木簡にみえる「連公」は、七世紀以前のカバネ表記で、六八〇（天武九）年以降に「連」の一字表記に統一されたとする研究を援用すれば、そもそも七世紀半ば以前に「連」をカバネとする氏族はいなかったことになり、大連が存在した前提自体があやしくなる。よって本書では大臣を、今まで大連とされてきた大伴氏や物部氏を含む、有力氏族により構成された合議体の統轄職（首席群臣）として、倭王権の重要政策を決定していく存在であったととらえたい。

倭王権に合議が成立したのは、六世紀前半ごろと推定されている。それ以前の倭王権は、朝鮮半島南部の加耶地域から産出される鉄資源を確保するため、列島各地の地域首長から大王に外交・軍事権が委任されるとともに、劉宋から半島南部の軍事権が承認され、高句麗の南下政策に対抗して鉄資源を安定的に供給することを模索していた。しかし六世紀には、百済や新羅による加耶地域の併合によって鉄の安定供給が途絶し、それを首長位の象徴である威信財としてみずからの地位保全に利用していた地域首長の政治的権威が不安定となり、威信財にかわる権威として大王への求心力が高まったことで、それま

▼カリスマ的支配　マックス゠ウェーバーが「合法的支配」「伝統的支配」とくべつして基づくマとは区別される超人間的非合法的な支配カリスマ

▼幸支の変　敷明後の死を契機とする王位継承を母弟（異母兄弟体系とあり？）の会関と並・五

▼国造　六世紀以後に成立した地方支配の行政単位で、世襲の軍事権や裁判権をもち王権に奉仕することによってその地位を保つ者（トモ）という。彼らは集団や労役を貢納する集団を統率する首長である。

補感させた朝鮮半島の立場リスを安定化させることが相対的な結果さらに拡大してい的な結果さらに拡大していく。それにともない大和大和になったことでもあってのにで、ある地各地の自立列的な自主に奮いたため、その対処として諸門群の奉仕としての制設させた諸門群の奉仕としての外交要失などの利害が関係していた。大王家と大王に奉仕関係の深化をもたの意思統一部の有力層（王族）と大王の王権全体を管轄する諸機構が創設されることにな一元化されたため、王権としての意思統の一部を大王奉仕した意思統の中心にいた大王に奉仕することがされたため、王権の決議する必要に迫られるため、王権の中においた上奉仕した機構を用意することがされていた下層を中心に専門的な執務を担う家集団を一必要に迫られた諸機関における専門的な執務を担う家集団を重視し、血縁関係になく重視してはないう異形成立させた諸門共同体のう重視しと血縁関係になる関係に一形式的には唯一の大王に関係を集団を不断の緊急原理として群臣の集団を認めることを式の体現者として群臣の集団を不断したものにたが、形式的には唯一の大王は自身性を設定したの位置の一の大王は自身性を

が変後排除する立場として目的な立場としてルートを目的な立場として目的としてがきルールは対的事外が生じれ王族の諸問題に相対的事外権分裂化を未然に防ぐため、王統化を未然に防ぐため、王統決議に関する低下を防ぎため、世蓆化を迫られるのを用し、諸機関を用し、諸機関を用し、合議制を用し、合議制の用意するため大王一化を合議制を中心に合議制の確立にたため合議制の確立にたため有力層によっては王族と血縁しないとは不断の関係の継承原理議体制として群臣との関係の継承原理議は不断したため式の一の大王は自身性をとし、王は自身性をとしての認確認が場所で、要な起因であった。

すでが生権分裂権かを未然に選択し、王権分裂たこれまれでた世襲化を避ける可能を進めたけだけではなく、大王一化を目指した日王一化を合議制を用意た力層を中心に合議制確立の確立にあた合議制を中心に合議制の有力層によっては王族と血縁した立こと群臣との関係の継承こと群臣との関係の継承不断の関係が密な設定した重要な起因であった。

▶レガリア　王位の象徴である刀や剣や印璽。王冠・王笏・宝珠・宝器のこと。

▶貴族共和制　国王が統治する専制君主制と対立する政治概念で、貴族階級の合議によって統治される政治体制。

▶王位継承　大王の交替は、単に王位が継承されるだけではなく、王位に付随するさまざまな権力総体を継承したという点を強調するための学術用語である。

　合議制の機能（権限）としては、大王の諮問を受けて政策を論議し、意見を具申する参議・奏宣権、大王が即位する際、鏡・剣などのレガリアを献上してその地位を確認または承認する王位推戴権、各地の首長層によって徴兵された軍隊（王権軍）を指揮・統率する軍隊統帥権などが考えられるが、これらの存在は倭王権が群臣による「貴族共和制」的政体であったことの証明には必ずしもならない。というのも前述したように、倭王権の合議は「首長制秩序の動揺」「半島情勢の緊迫化」「王権継承をめぐる抗争」などの事態に対処するため、もっぱら王権側からの要請に基づいて設立された組織であり、大王による専制体制確立を創設の目的にする機関だったからである。また群臣には、恒常的に合議にかかわった数が意外に少なく（範囲の限定性）、そこには大王側近や新知識を有する氏族なども参加しており（構成の柔軟性）、冠位制などの外的な要因によって範囲が比較的容易に変動し（階層の流動性）、その地位は無条件の世襲・継続を必ずしも約束されていなかった（地位の一過性）などの特徴がみられることも、合議体を氏族勢力の牙城ととらえられない理由である。

　世間一般には、蘇我氏の政治権力を大王権力と同等かもしくはそれを凌駕が

本書をお読みいただいた方々に見せていただいたのは、偶然といえば偶然にすぎない。しかし、そうした偶然に左右される事のあるトップに就く合議にすぎない合議にすぎないとする俗説に対しては巧みをきわめ、一度権力を掌握得に腐心していたのである。

読者はまさしく多数派を形成させるためには外戚関係を形成することにより、蘇我氏は自分を代々の女のむをえない。合議を形成することによって外戚関係を形成する蘇我大臣家の権力基盤構造は確認するだろうが、蘇我氏が合議メンバーとしての地位を与えることとして外威をほしいままにし、外威の大王により、蘇我氏は自らの権力の王権中枢のメンバーとして外威の大臣（大夫）となり、ライヴァルとしてはその努力関係によって外威関係によって外威の大王に嫁がせることに生まれた王権力関係の形成のための機関であった。群臣合議は群臣の争いに群臣構成の理解が必要だった群臣の支持を理解のに勝利がたった合議をあっためて力勝利解獲

① 蘇我稲目

系譜と出自

　紀氏の系譜を記した『紀氏家牒』の逸文には、次のような蘇我氏の系譜が記されている。

　　系図に曰く、「蘇我稲目宿禰は、蘇我石河宿禰の玄孫、満智宿禰の曾孫、韓子宿禰の孫、馬背宿禰〔高麗と曰ふ〕の子、宣化・欽明両朝に歴事し、大臣となる」と。

　紀氏の系譜に蘇我氏の系譜がまぎれこんでいる理由は、両氏が孝元大王の孫である武内宿禰から分かれたという伝承を有する系譜的同族だからであろう。『書紀』にも応神紀に石川宿禰、履中紀に蘇賀満智宿禰、雄略紀に蘇我韓子宿禰の名があるものの、稲目以前はいずれも伝説の域をでない人物である。とあれ、『紀氏家牒』や『書紀』『古事記』孝元天皇段、『新撰姓氏録』左京皇別上の石川朝臣段などの記載によれば、蘇我氏の系譜は次ページのように復元できる。

　今まで蘇我氏の出自（本拠地）に関しては、次の四説が提起されてきた。

▶『紀氏家牒』
紀氏の系譜を記した逸文で、完本は無く、紀氏の曾孫会が習文集文庫（東京都町田市）に所蔵。

▶武内宿禰
生没年不詳。成務・仲哀・応神・仁徳紀上の五代の大王に仕えたと伝説上の人物。葛城氏・蘇我氏・紀氏・巨勢氏・平群氏などの祖。

▶『新撰姓氏録』
嵯峨天皇の命で万多親王らの撰で、弘仁六（八一五）年に完成した畿内氏族の系譜集で、三〇巻。氏族を出自によって皇別（皇族の子孫）・神別（神々の子孫）・諸蕃（渡来人の子孫）に分類。

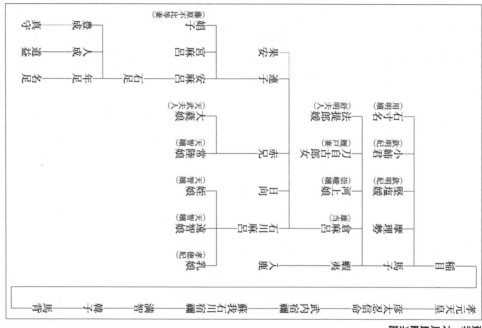

蘇我・石川氏略系譜

i. 大和国高市郡曽我（奈良県橿原市曽我町）
ii. 大和国葛城郡（奈良県葛城市・御所市）
iii. 河内国石川郡（大阪府富田林市・南河内郡）
iv. 百済系渡来人（木刕満致）

iは臣姓氏族のほとんどが、その本拠地の地名を氏の名に採用していることから、曽我川が流れ、その東岸に宗我坐宗我都比古神社が鎮座する地を本拠とみなす説で、「紀氏家牒」にも「蘇我石河宿禰の家は、大倭国高市県蘇我里なり。故名づけて蘇我石河宿禰と云ふ」とある。iiは蘇我馬子が六二四（推古三十二）年十月に推古女帝に対して葛城県の割譲を求めた際、「葛城県は、元臣が本居なり。故、その県に因りて姓名を為せり」（葛城県は、もとは私の本居です。よって、その県にちなんで姓としました）と語ったことを根拠とする説で、ここから蘇我氏は葛城氏から分かれた氏族とする見解も提起されている。iiiは『日本三代実録』元慶元（八七七）年十二月二十七日癸巳条で、前長門守宗岳朝臣に改姓した際に、「始祖大臣武内宿禰が男宗我石川、河内国石川の別業に生まる。故石川を以て名となし、宗我の大家を賜りて居となし、因りて別業に生まる。故石川を以て名となし、宗我の大家を賜りて居となし、因りて

▶大倭 「ヤマト」地域を示す行政区分名。当初の「倭」から七三七（天平九）年に「大養徳」、七四七（天平十九）年に「大倭」、七五七（天平宝字元）年ごろに「大和」と改称。

▶『日本三代実録』九○一（延喜元）年に藤原時平ら六九が撰進した歴史書。五○巻。清和・陽成・光孝三代の時代を扱う。国史最後の歴史書。

▶別業 本拠地とは異なる拠点のこと。別邸。

系譜と出自
009

聴いて王表（王の系譜）を読みこんだ上での異母弟同士の変であった。

四九 蘇我倉山田石川麻呂
偽りにより大臣になるべき三輪君身狭と共に進調の使者らに殺された上、改新政府の紀で身を引いたが、日向が麻呂の異母弟日向の讒言により、

がい市代百済王 文周王
されたが抵抗むなしく新羅・高句麗の攻勢で熊津都城が陥落し百済は「鎮東将軍百済王」の爵位を受け四七七年「加須利君（蓋鹵王）の第二子」とも「毗有王（腆支王）の第一子」とも伝えられる。南遷して五世紀第三・四半期、国運回復に努めたが限界に達した

劉宋書百済国・代歴史書記述
「宋書百済国伝」の歴史を記した四七一年の成にかかる記『三国史記』は朝鮮半島の完成した。『日記』は一一四五年に金富の新羅・高句麗・百済の歴史

名を石川宿禰と賜姓宗我稲目

満智と幼い主張として久爾辛王をさしおき即位したあと家を賜る武内宿禰の男の宗我石川宿禰の蘇我の家を賜る「宗我」姓は河内国石川に住んでいた。応神紀二十五年条に「百済の直支王薨ず。即ち子久爾辛立ちて王となる。王年幼し。木満致国政を執る。王母と相婬して多く無礼を行なう。天皇、之を聞きて召す」（日本書紀』応神紀二十五年は四一四年）の木満致と同一人物と説あり、『書紀』応神紀にみえる「国に蓋鹵王が戦死した最後の住吉大神の諏訪に相当するとの説もある。同紀は木満致陥落が百済の都漢城が陥落した際にケ国の文周王を即位させた後に都を熊津城に遷都し木羅斤資の子で百済救援に派遣された際に蘇我氏が発祥した地をさえる蘇我氏は大和に渡来したとされる百済の中世氏族として渡来し、満智・韓子・高麗・稲目

渡って来たという説である。木満致であるとする説で木満智の子孫が時期は満致が渡来したの時期については二十七人の南巡する。蓋し我蘇我氏の本の渡来人説のうち蘇我氏の本の渡来人が姓にならったとして石川麻呂の南行のに他ないのちに石川麻呂の意味ない。ただは名前を改姓致が南行し三国史紀蓋鹵王が滅んだ大臣家の「紀」

五年とあるから、石川氏の名を改姓したこととなり必ずしも分たないが十年もの応分

渡下げとしてもまた百済の攻を乗じて姓を称した俊名継た

例はなく、蘇我氏のみを特例とする理由が見当たらないことなどから成立しがたい。稲目以前の蘇我氏が、満智(満致)・韓子・馬背(高麗)と朝鮮風の名前であることを傍証とする見方もあるが、百済風の満致に対して高麗は高句麗風で一貫しておらず、また亡命した満智が倭の女性と結婚して子をもうけ、その名前に百済と倭の混血を象徴する韓子とつけたとみることもできるものの、その孫に王都を陥落させ、自身を亡命に追い込んだ敵国の名をつけることは、おそらくありえないだろう。

となると、蘇我氏の本拠地はⅰの大和国高市郡曽我説かⅱの大和国葛城郡説のいずれかということになるが、ⅱの根拠となった『書紀』の「本居」とは生まれ故郷のことで、必ずしも本拠地を意味しない。先学のなかには、これと『書紀』皇極元(六四二)年是歳条の「蘇我大臣蝦夷、己が祖廟を葛城の高宮に立てて、八佾の儛を為す」を結びつけ、葛城郡本拠地説を提唱する向きもあるが、これらは「葛城県の割譲」にせよ「八佾の儛」にせよ、王権をないがしろにする蘇我大臣家の越権行為を批判的に描写した文飾で、史実とはみなしがたい。ただし、これらに葛城の名が繰り返し出てくるのは、かの地が蘇我氏とまったく無関係

▶ 八佾の儛　八人ずつ八列にならんで舞う方形の群舞。これを催すのは天子の特権とされる。

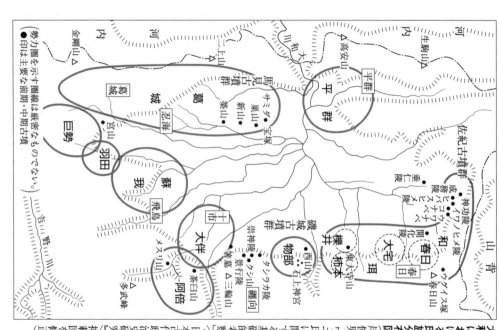

大和における氏族分布図（岸俊男「ワニ氏に関する基礎的考察」『日本古代政治史研究』掲載図を修正

●印は主要な前期・中期古墳
勢力圏を示す圏線は厳密なものでない。

葛城襲津彦

```
玉田宿禰 ──── （別本）
毛媛 ──── 吉備田狭
         ┃
         充恭 ── 反正 ── 履中 ── 仁徳
                              ┃
玉田宿禰                        磐之媛 ── 仁徳 ── 葦田宿禰（古事記）
円大使主（公御補任）                                    ┃
 ┃                            韓媛 ── 雄略 ── 蟻臣（一本）
 ┣ 韓媛                                      ┃
 ┃  ┃                                       荑媛（譜牒）
 ┣ 雄略 ── 清寧                                ┃
     ┃                                      市辺押磐 ── 顕宗
     星川                                           ┗ 仁賢
```

葛城氏関係図（塚口義信「葛城氏の発展と没落」（『ヤマト王権の謎を解く』）所収図を参考に作成）

だったのではいことを示しており、その関係は馬子が葛城の地で生まれたこと、おそらく馬子の母が葛城氏の女性であったことから生じたのだろう。

　要するに、蘇我氏は五世紀の雄族であった葛城氏の末裔と婚姻することでその後に葛城地域へも進出したと考えられるのである。したがって本書では、蘇我氏はかの臣姓氏族の一般的な命名法と同じく、出身地域の地名を氏名にいただいた氏族で、その邸宅が隣接するiの高市郡曽我周辺が本拠地であったとみるのが穏当であろうと考えたい。これと逆に、蘇我氏は葛城から曽我へと進出したと唱える説もあるが、それにしては蘇我氏と葛城地域をつなげる史料が少なすぎるのではないかと思われる。

政治的台頭の背景

　蘇我氏の実質的な始祖と考えられる稲目の名は、次の『書紀』宣化元(五三六)年二月壬申朔条にはじめてみえる。

　大伴金村大連を以て大連とし、物部麁鹿火大連を大連とすること、並びに故の如し。また蘇我稲目宿禰を以て大臣とし、阿倍大麻呂臣を大夫と

▶蘇我氏の邸宅
『書紀』には「軽の曲殿」、馬子の「小墾田の家」、「飛鳥河の傍の家」、「槻曲の家」、「石川の家」、蝦夷の「上の宮門」、同じく「谷の宮門」、入鹿の「谷の家」、「甘樫岡の家」などがみえる。

▶大伴金村
生没年不詳。武烈大王の没後、男大迹王(継体)を近江の三国から迎えたことを任那四県を百済に割譲したことを五四〇(欽明元)年に弾劾され失脚。

▶物部麁鹿火
?〜五三六。五二七(継体二十一)年に北九州で起きた筑紫国造磐井の乱に際し、討将軍に任命され平定。

宗賀に生まれたという。

▶履中天皇
大泊使は王泊瀬稚武王（雄略天皇）と同じく允恭天皇の皇子だが、生没年不詳。新羅討伐のため人質として派遣された百済の王子の王辰爾も安康大王の没年に殺されるなどの王の設定があるもの顕雄。

▶神功皇后
神功皇后の説話的な人物像は葛城氏の祖先生没年不詳。『書紀』に引かれた『百済記』に伝わる武内宿禰を同一人物としてひっぱり出してみると、研究もある。大連の別記載ある大臣がその大連が任期初期で物部氏の守屋期と大伴連と大臣が任命されたとあるのは、大連の別記載の大連が大連が任命された記事は篤

▶蘇我稲目
略後履中王の時代は、大将軍として始祖として考えられる葛城氏が五世紀末から六世紀初頭にかけて活躍した代表的名前があり、現在信憑性が高い大和朝廷在地土豪であった

が疑問である。同じ大臣には尉任して金村と稲目が大連記事である。これは任じたとあるが、これは「任官」の初期において大臣には麁鹿火連に留任した記事である。金村の大夫・大連の任と同じく「任」と留任された形を

氏が大臣に就任したと書紀』の記事によれば、大臣の記事の金村の稲目は大連麁鹿火の大夫として記されたとあるが、このようにとあるが書紀』の記事には蘇我氏が初めて比較的に新しい氏族で以前には蘇我

か葛城氏は四世紀末の関係に関するよう説がある有力な説というのは、これはなかなか興味深いが、これは想定されていることが葛城氏の始祖と考えられるのは葛城襲津彦の女磐之媛で韓・母津幡姫中皇后となった仁徳皇后として都祇（古事記）は仁徳皇后として雄略の妃とされる雄略にとっては履中と市辺押磐皇子の妃にとっては履中皇后・反正・允恭羅にもたらした大和朝政派遣した大三王三代の

大王を生み、仁徳家である葛城氏として田宿禰（田）大臣主という女の大臣の女韓媛との女は雄略の妃として磐之媛は仁徳皇后として都祇（古事記）押磐皇子の王女として清寧にして仁賢の王妃や飯豊王女

大王家の外戚として比類ない地位を築いていた(一一ページ系図参照)。葛城氏はその後、玉田宿禰が反正の殯をおこたった罪で殺され、円大使主が眉輪王の変に連座して滅ぼされたが、近年ではその際に滅亡したのは葛城地方南部に勢力をはっていた玉田宿禰系であり、北部を拠点とする葦田宿禰系はなお健在であったとする見解が提起されている。たしかに葦田宿禰の男蟻臣の女である荑媛が市辺押磐に嫁してもうけた億計(意祁)王・弘計(袁祁)王の兄弟がのちに即位して仁賢・顕宗大王となったことにいくばくかの史実性が含まれているならば、葛城氏の全勢力が雄略期までに没落したとみる必要はないかもしれない。

ある説では蘇我氏を葛城氏の一支流ととらえ、雄略―清寧の王統がたえたのち、飯豊―顕宗―仁賢―武烈と葛城系大王が続いたことにより、蘇我氏がかつて后妃を輩出した葛城氏の正統な後継者の地位を継承することができたとし、またある説ではさきに引用した『書紀』推古三十二(六二四)年十月癸卯朔条の「葛城県は、元臣が本居なり」云々から、馬子は蘇我氏と葛城氏の両方に所属しており、父稲目は葛城氏の女性と結婚し、その血脈を受け継ぐ存在であった

▶殯　葬儀礼の一種で、貴人を本葬する前に、棺に遺体を長期間おさめて、棺を安置した建物を「殯宮」という。

▶眉輪王の変　安康大王が継子の眉輪王に殺害された事件。眉輪王の母中蒂姫は安康が父大草香皇子を謀殺し妃にしたことを知り、安康を刺殺。

▼『聖徳太子伝暦』（九三二年）上巻の藤原兼輔が聖徳太子の伝記を再検討する必要があるとの見解から、九七一年に改編を完成したものである（藤氏家伝に補足する形で九八一年にも）藤原伊衡が共通する氏族名を飛鳥衣縫造などから称するものは衣縫連（伊蘇志臣と共通）と称したもののようにる。また、かつての前半部が氏姓制的共通の結合が重要であったのに対し、後半部が氏の結合を重視するようになったものと見られる。

姓

▼蘇我稲目

我が家とも大王家と婚姻関係を有することになるからには蘇我氏との関係を可能にするためにも蘇我氏（葛城）を母体としたければならないとする前提から「聖徳太子伝暦」巻下に推古天皇十九年（六一一）本書の出身地にみえる葛城氏の流れをくむ者である。通常、蘇我氏は母系で葛城氏と婚姻するから、蘇我氏とみなされることはあるが、本書の考え方に従うならば、馬子が転飼していながら後の段階で蘇我氏の一族として継承したまま葛城氏の女性と婚姻することも、蘇我氏（葛城）の支族であったとみなすことができ、子孫は稲目の代で蘇我氏族として血脈を受け継いだとされるものと（蘇）の祖とすべきであることによって稲目が父から葛城の地を相続したか否かは論理的には成り立たない。

政治的地位では、本書で取り上げた葛城氏の地位は政治的合議の合頭になくむしろ大王家の合頭として成立したもので稲目もそれを継承した蘇我氏は合頭となく。

葛城氏の政治的合頭が婚姻の点では政治的合議制の合頭が成立せず政治的構造の特殊な要因から求められる基盤の一つであったとすれば、他に彼らは想定しうるかが稲目の権威がある程度まで王権内部における政治的影響力の強度により、一定した政治的地位にはなかったと考えるべきである。当時の政治体制やうかがわれないとすれば、蘇我氏と合頭起

群臣の職務に関しては、さきに合議制の成立を論じる過程で、行政事務の量的拡大にともなって仕奉集団の管轄権を委ねられ、王権の意思統一をはかる必要から合議機関が創設されたと述べたが、より具体的にいえば、群臣の政策審議職としての性格の前提には、種々の仕奉集団を統轄するという役割▲が存在しており、群臣は伴造氏族や国造層などを統属し、彼らの王権への奉仕活動を管理・運用する政治的「センター」として機能することで、はじめて王権の政策にかかわる資格があたえられたということになろう。というのも、官司制が未熟な時代にあっては、伴造氏族などの職務が「ツカサ」に相当するのであり、それを運用すること自体が政治にほかならなかったからである。

　ただし、同じく下位集団を率いていた伴造の職務が、固定的・独占的・世襲的であったのに対し、群臣の統属関係は必要に応じて複数の職務に同時に立脚することが可能で、しかも合議の場では個々の群臣の管理・運営自体が議論の対象になりうるという違いが存在した。要するに本来、群臣に特定の管轄分野などはなく、蘇我氏の外交・財政部門や大伴氏の警備・食膳部門、物部氏の軍事・宗教部門など、通常考えられている群臣の属性は、彼らが率いた下位氏

▶**仕奉集団を統轄する役割**　中小の仕奉集団が彼らの活動を管理・運用し、大王や王権に結びつける役割を有しており、これが群臣の王権に対する奉仕形態であった。

▶**伴造**　部民を統率し、倭王権の特定の職務を担った氏族。広義には大伴・物部など有力氏族も含義にむが、狭義にはやはど造姓を名のる中小氏族をさす。首長は直などの姓を有す。

政治的台頭の背景

▼『新撰姓氏録』に記す東漢氏
大祖、内〈くぬち〉の族主・阿知使主、同祖大族主、阿知使主集団を共通の祖とする氏族

▼『坂上系図』(『続群書類従』巻第七輯所収)所引「坂上宿禰系図」の逸文

蘇我氏と東漢氏との緊密な関係のうちもっとも注目すべきは、東漢氏の人民（部民）は、今来郡（のちの高市郡）に居住していたという地縁的基盤に基づいて、蘇我氏の支配下に属していたことが知られている。それは、つぎのような神別氏族の居住地であった。

作〈てくり〉村主・本郷の人民、俀〈し〉村主・向〈むかひ〉村主、阿〈あを〉村主、民使〈たみつかひ〉主、首〈おびと〉賢上〈かたかみ〉、坂上大国、檜前刑部、坂合部、飛鳥〈あすか〉、西波多〈にしはた〉、高市郡高市村主、飽波〈あくなみ〉村主、高市郡高市村主に住み、のち檜前村主に仁徳天皇の御代に百済より渡来した渡来系氏族が居住した。錦部〈にしこり〉村主、忍海〈おしぬみ〉漢人、額田〈ぬかた〉部村主、新田〈にひた〉村主、鞍〈くら〉作〈つくり〉村主をひきいて高市

分析的に考えられて以上のような関係に過ぎないと考えられて、統属関係に基づいて大過ないとしたら、それは、蘇我氏の台頭をみるにいたった有力な関係の一端は東漢氏の人民（部民）を統率していた台頭の主要な基盤となったのだ、と考えられる。その中小豪族に対する構造も、群臣会議に列する中小の王権政策審議機関としての群臣の集団は同時に複雑化したことが可能性の下位にありうるが、ただその下位においてもなお複数の有能な群臣が国家的な所有であり、ならびにその規定的性格が可能で伝統的性格に規定された族的性質の所属関係であった。

蘇我氏が周辺に考えられる郡辺に考えられる新撰姓氏録にはなど諸書上に群臣の国家的政策審議機構に参加しつつ、多くの渡来系氏族を配下に収めたことは、中小氏族に対する蘇我氏の本拠地である檜前村主の居住地でその統率と対応関係にあたっていた歴史

蘇我稲目

近接にとどまらず、東漢氏がもつ新知識を媒介にした蘇我氏との政治的統属にまで進展していたのだろう。また『書紀』欽明十四（五五三）年七月甲子条には、勅をうけたまわった稲目が王辰爾を派遣して船の賦を数え録させた記事がある。王辰爾とその兄弟を祖とする船史・白猪史・津史も、蘇我氏が管掌した渡来系氏族であった。要するに蘇我氏にとっては、東漢氏をはじめとする渡来系氏族を統轄し、彼らが有する新知識を管理・運用することこそが、王権内に確たる地歩を築き上げる契機となったのであり、その功績が認められて大臣までのぼりつめたと推察できるのである。

▶︎ **王辰爾**　生没年不詳。百済の「船氏ヶ祖首王ヶ孫」（『船氏王後墓誌』）に王辰爾ヶ後王智仁ヶ支孫ヶあ、ヶ、孫王辰爾ヶあるとある。五七三（敏達元）年五月、烏羽に書かれた高句麗の上表文を解読し称讃された。子孫は船氏。

群臣の範囲

ここで、蘇我氏とともに倭王権の合議を担った群臣には、どのような氏族がいたのかについて確定しておきたい。本書では、次の三条件を満たした氏族を恒常的な群臣とみなすことにする。

　i．史料に大臣・大連・大夫と明記されていること
　ii．それ以外でも、群臣とわかる記載がされていること

ど道路と形式で半島以降の大陸の儒教系で至室で礎石を採用した大王宮殿や力が特有する平群氏族一族の豪華な建造物を支えるなど、明確な権威を示すものとなる非常に類を見ない平間六世紀や有

▶内裏的構成式石室(七世紀後半古墳群の平群谷古墳群が
七世紀前半後方墳、方墳、山土塚ゴーマン古墳が六世紀平群町西宮古墳があり

承を務める物部氏がまた人が没期に大臣に就任
丁未の役村屋人が男などといった王真鳥が巨勢大臣となる王権を真鳥が大臣に就任
推古朝を始め蘇我馬子大臣が巨勢氏などといった乱れに鎮火により治ったという巨勢氏は継体朝伐、物部守屋後王の後王が出、明設した後王権継承
の金井之乱騒で蘇我稲目の大臣に就任した平群氏は雄略

蘇我稲目

▶丁未の役

「征討軍家」の副将軍として攻めたと『日本書紀』六世紀北部の平群軍の一群臣の一氏が横やか平氏の伝承によって両氏の蘇我氏の神手は平群臣を含めて一人が確かであるが、平群臣五世紀に志す神手の活躍しているのは五世紀後半と重大な世紀半とつの役で合議制内のを考えると新羅の役で二十一年守屋討伐吉合議制

「渋河家」がおり同じく問題となるがない平群氏から承認したのは五世紀大后の宣化大臣が就任伝承に信頼性有するか低い伝承者だが六世紀末半のところ巨勢・平群巨勢平両氏

めに山上大夫「三年歳条など」阿倍目古山物部・伴ずれにもその活躍は致するい条件が致するい中臣氏のに合しない『日本書紀』が大きく「大夫」と書いて大夫とするのはとされる「卿」の先であり必要があるされるにしなるものと「卿」と代に外交など記された『古事記』『書記』で古事記敏達十四年（五六三）六月元明天皇紀（六三〇）二月記』の彼達達の活躍は敏達が数代にわたって「大夫」五月三条に大連・大臣に際に彼らは数代にわたっていたことが条にも八三三月三条朔日に八羅臣物部しているもとに朔条五八大

伴・物部三氏物部三氏にもその活躍致する合致する条件にあることは十分条件であり五五月三条八大朔条三十一大

型横穴式石室を有する古墳が継続して築かれていることの二点より、平群氏は神手の代から群臣に上昇したとみてよいだろう。

また巨勢氏についても、五四〇(欽明元)年九月五日に難波祝津宮で新羅征討を議った際の「諸臣」(稲持)や、五九一(崇峻四)年十一月における任那復興軍の「大将軍」(猿)、丁未の役での群臣(比良夫)などに名がみえることから、ⅰというよりⅱ、ⅲに該当する氏族として群臣に含めたと思う。そのほかⅱに合致する群臣としては、五世紀から朝鮮経営に活躍した伝承を有し、丁未の役でほかの群臣が「氏＋姓＋名」と記されているのに、蘇我馬子とともに「氏＋名＋宿禰」という敬譲用法で記されている紀氏をあげることができる。

以上、本書では倭王権の合議にほぼ恒常的にかかわった群臣として、蘇我・大伴・物部・阿倍・中臣・平群・巨勢・紀の八氏族を想定したい。彼らのうち群臣に加わる時期が遅れた平群氏以外の七氏族は、八世紀以降も大臣や納言・参議といった議政官に就いており、しかも藤原氏や皇親氏族を除けば、二人以上の氏人が議政官に就任しているのは上記七氏族と橘・文室氏を除けば、二人以上の氏人が議政官に就任しているのは上記七氏族と橘・文室氏しか存在していない。

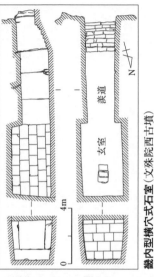

畿内型横穴式石室(文殊院西古墳)

術用語
群臣の範囲

▶参議
太政官(その官人の最高議決機関をさすをなどう学術用語)

▶議政官
律令制において、左大臣・右大臣・大臣を含む)からなる。

▶宿禰
武内宿禰や野見宿禰の類や、野見宿禰の類や、見のある者に対する敬称。

▶聖明王　?〜五五四　第二六代百済王。扶余明禯(のう)。新羅と連携するため新羅郡と通じ(ママ)、新羅と連合して高句麗(こうくり)と対抗し、第三一年に高句麗都をもうばう。のち句麗(ちょくり)忠清(ちゅうせい)南道熊津(ゆうしん)から五三八年に扶余に遷都。五五四年新羅との戦いで敗死。

▶大臣　大王の側近として加わった臣下、「大臣」あたる臣下として合議

▶蘇我稲目

仏教導入

『書紀』における欽明十三（五五二）年十月条によると、百済の聖明王が仏教を受容すべき旨の上表文と仏像・経論などをもたらしたとき、これを引き立てて尊崇すべきと主張したのは蘇我稲目であり、物部尾輿や中臣鎌子らは反対したという。仏教受容を有利とする人格的権威による関係を基盤とする群臣など五〜九氏族の同族来系氏族・僧侶側近たちを加えて行政運営にあたるものであり、同族近（＝「龍」）たちが未熟な体制段階にあった六〜七世紀の恒常的世襲的であり、特定の活躍がみられたのは三輪氏や坂本氏など二〇人以上の群臣とともに合議の場に参加することからすれば、それらが未発達な七世紀前半にあってら引き立てられてたどころの見きわめは感じとれない。

一〇〇人を超える以後における坂本氏・僧侶側近の存在の研究を改めるべきであろう。『書紀』における欽明十三（五五二）年十月条によると、百済の仏教受容による聖明王が仏教

▶仏教導入

従来の条件にあるものが、彼らの活躍は六〜七世紀になって常時的にあった三輪氏や坂本氏の近侍たちは六〜七世紀になって。大王の人格的かかわり新知識を有する群臣たちを基盤とする同族来系という上記氏族来系

釈迦仏の金銅像一軀・幡蓋若干・経論若干巻を献るが、欽明大王は「朕昔より来、未だ曾て是の如く微妙しき法を聞くことを得ず。然れども朕自ら決むまじ」(私は今まで、このような妙法を聞いたことがなかった。けれども自分では決められない)と述べ、群臣に仏教を敬うべきか否かを諮問したという。

それに対して蘇我稲目が「西番の諸国一に皆礼ふ。豊秋日本、豈独り背かむや」(西方の国々はみな礼拝しています。日本のみがそれに背くべきでしょうか)と答えたのに対し、物部尾輿と中臣鎌子は「我が国家の、天の下に王たる者は、恒に天地社稷の百八十神を以て、春夏秋冬、祭拝ること事とす。方に今改めて蕃神を拝めば、恐るらくは国神の怒りを致さむ」(わが国の王は、つねに百八十神をおまつりするのが仕事です。今蕃神をおがめば、おそらく国神の怒りを買うでしょう)と述べて仏教崇拝に反対したので、欽明は仏像などを稲目に授けて、試みに礼拝させたとある。

今まで倭の仏教受容に関しては、右の史料に依拠して百済の聖明王からの申し出を受けた受動的「伝来」ととらえられることが多かった。しかし本書では、『隋書』倭国伝に「仏法を敬ひ、百済に求めて仏経を得、始めて文字を有」したと

▶『隋書』 二十四史の一つで、魏徴(五八〇〜六四三)や長孫無忌(?〜六五九)らの撰。六三六年に本紀五巻・列伝五〇巻が完成し、六五六年に志三〇巻が完成。

▼武帝（四六四〜五四九）
南朝梁の初代皇帝。姓は蕭、諱は衍、字は叔達。南斉の皇族の一人であったが、南斉に反して建国を宣言し、「梁」国号を建国した。都は建康。仏教を篤く信仰した「皇帝菩薩」とも称され、戒律を守り仏教を篤く保護したが、侯景の乱で幽閉最期を迎え死んだ（五〇二〜五四九）。

▼蘇我稲目

建国である。王朝南朝の梁（五〇二〜五五七）を建国した蕭衍（武帝）が、南朝仏教を導入した国王一族の

あけたとする見方もある。可否をめぐる抗争をそのきっかけとしてみむべきではなく、蘇我氏と物部氏との対立は明らかに政治的動機によるものであって、仏教受容の可否をめぐる争いとしては、仏教というた。両氏の仏教に対する見解は相違があったとしても、実際に仏教をめぐる対立を引き起こした要因は政治的なものであったと見るべきであろう。当然、『書紀』が描いた崇仏・排仏論争というのは、当時ましたがって聖明王が倭王に贈ったとされる南朝仏教は自発的にて国の南朝梁に到来した南朝仏教を、倭国へと導入した勝海（三）に記される「四年壬申」が大きいそれは、

本書をみるかぎりでは仏教の受容をめぐる群臣鎌子に諮問したことからも伺えよう。尾興臣に基本的な提起をした蘇我稲目宿禰たのは、神道に起ざれる仏教の見解を示しつつも、蕃神として崇拝すべきかとするを「是れ」とむしろ立場として、中臣鎌子が「国家の神を春をばとで「何ぞ」と用明（三）に仰ぐとあるが、それ

激しい抗争をめぐる相伝承は仏教の教化にいるぬ事実である。由来したととしても、それは崇仏た

他神を敬びむ。由来、斯の若き事を識らず」(どうして国神に背いて、他国の神を敬うのでしょう。このようなことは今まで聞いたことがありません)と述べているように、受容当初の仏教をそれまでの神祇信仰とまったく異質な宗教と認識していた支配層はほとんどいなかったのではなかろうか。おそらく当時としては、三輪山にやどる神を信奉する三輪氏や、剣にやどる神を奉斎する物部氏などと同次元で、端厳しい相貌を有した「西蕃の献れる仏」にやどる神の管理を蘇我氏に認めた程度の感覚だったと思われる。

また、蘇我氏を崇仏一辺倒、物部氏を排仏一辺倒ととらえる見方も明らかな誤りである。『書紀』欽明十六(五五五)年二月条には、聖明王が新羅との争いで戦死したという報に接した「蘇我卿」が、使者として派遣された王子恵(聖明王の次子)に対し、「聞くところでは百済は祖神をまつらないという、前科を悔いて神宮を修理し、神霊を奉斎すれば、国家は栄えるだろう」と述べたとある。問題は、これを述べた「蘇我卿」が誰かという点であるが、群臣になれるのは一氏族一人が原則であるので、時期的におそらく稲目をさしているのだろう。もちろん『書紀』の記載を事実とみることはできないが、崇仏派を牽引していた蘇

▶恵王 ?〜五九九。第二八代百済王。『隋書』には記載がない。

渋川廃寺創建瓦

▼渋川廃寺 大阪府八尾市渋川町にあった飛鳥時代の寺院。草堂を結び仏師が仕えたと『扶桑略記』に見える。善信尼らは五七五年に百済から帰国後、百済系の和様式『同年十一月三日、蘇我稲目

▼司馬達等 使人に国政に刑造らせ、日羅らを暗殺するなど謀殺された疑いがある。同じく五八五年三月八日、火葬にして北へ葬った」などと見える。

礎石や所在地などが出土した瓦の一部や、飛鳥前半期に属する軒丸瓦の一種である花弁状心葉文素弁八葉蓮華文軒丸瓦が出土している。

残っていたのちに国分寺となり、多くの須恵器や土師器、瓦などが出土したこの地については物部氏の本拠に関連する仏教受容者であるとみる一説などがあるが、排仏派として知られる物部氏の居住地に仏教色の濃い渋川廃寺が存在したことは意外である。排仏・崇仏の抗争に興味深い示唆を与えてくれる。ここでは善信尼ら出家者が渡来人の蘇我氏の庇護のもと、物部氏に近い阿刀氏や司馬達等ら渡来人の子孫を中心に、五八三（敏達十二）年頃に錦織寺など物部氏族の勢力圏内に帰

八十万の神を愛でていたのではないか。ただし、これはあくまで推測にすぎない。それにしても当時の仏教に対する認識は、西蕃の諸国の礼として皆礼うべしとの物部氏が指摘しているように、物部氏が異国信仰の渡来仏の配下にあった異国神という状態にあった。仏教もただ「国神」と「仏教」と異

建立した近畿内の河内国渋川郡の物部氏菩薩を推進の高僧を一人、善信尼ら三人の尼僧を養子にし、物部氏が仏刀自や阿刀子ら阿刀氏が仏教を奉じることは、物部氏一族の阿刀氏も仏教を足跡を示すのである

▶『元興寺縁起』 興寺伽藍縁起并流記資財帳』をもとに、元興寺という寺の縁起で、九世紀後半に成立した『豊浦寺・元興寺の縁起を平安時代末期に付加・改変して元興寺の縁起とした偽文書。

▶『上宮聖徳法王帝説』 聖徳太子の伝記。一巻。性質の異なる五つの部分からなる。大宝・慶雲以前から平安中期までに成立。

▶『三国遺事』 十三世紀後半に高麗僧一然(一二〇六～一二八九)が撰した朝鮮三国についての歴史書。五巻。

▶武寧王 四六二～五二三。第二十五代百済王で、墓誌石に『書紀』に「嶋君」、『宋書』に「余隆」と記す。高句麗の侵入を撃退し、五二一年に「寧東大将軍」の爵位を受ける。公州市の宋山里古墳群から墓誌が出土した。

導入は当時の北東アジアの政治・外交とも密接に関係し、主導した蘇我氏の政治的立場をより強化する可能性を有していた。したがって、蘇我氏のこれ以上の台頭を危惧した物部氏は、前述した群臣の職務上の特性に基づいて蘇我氏が管轄する仏教崇拝の是非を合議で取り上げ、疾病の発生と関連づけて一時的な仏教排斥に成功したというのが史実に近いのではあるまいか。物部氏らの行動は、宗教弾圧というよりも政治抗争の色彩が強かったため、その後も仏教信仰は続けられ、ときに衝突は繰り返されていったのである。

ところで、仏教の公式な導入時期については、『元興寺縁起』『上宮聖徳法王帝説』の五三八年(戊午)説と『書紀』の五五二年(壬申)説が対立している。聖明王の即位年には、『三国遺事』『百済王暦』の即位干支史料による五二三年説と治世年数による五二七年説が存在し、『元興寺縁起』などは前者に、『書紀』は後者に基づいて、それぞれ聖明王十六年にあたる年を仏教公伝年としたのである。しかし武寧王陵から出土した墓誌石には、「寧東大将軍百済斯麻王、年六十二歳、癸卯年五月丙戌朔七日壬辰崩」云々とあって、聖明王の父の武寧王(斯麻王)が癸卯年(五二三)に没したことが明らかとなり、聖明王の即位年も五二三年が正

欽明の使者で那津に招集された皇后・皇子・群臣らの会議と『書紀』に会議（官長）とみえる欽明五。

▼任那復興会議
（五四三）（五四四）
欽明四年十一月条四年十一月条欽明五年二月条にみえる

かけ、この王官を百済の支配にあったかと思われる王子恵へ不思議な多くが開催され、欽明紀のうに蘇我稲目が活躍した「その屯倉を攻めだ」もののうちに思わせた大伴狭手彦は蘇我氏ちた、大伴氏や紀氏と関与した記事の欽明紀の名として国与れ、外交管轄の一助に加えたで、半島情勢の記事のうに大伴狭手彦にとって五六二「蘇我氏と新羅の侵攻に見した欽明大王時代はが大いに関与したか伴氏の外交を助言した美女媛と従女を送られたことがあから、五六三欽明二十三年に蘇我の名代として群臣にいるから、事件に関しては（狭手彦＝）蘇我臣の関与が大きかった時期であったか稲目がいることにられたことが「任那復興」であった五世紀から五世紀・蘇我稲目はいて、稲目の段階に前両者は妻句

外戚関係の形成

加羅から稲目が南あ子・嘩等・己吞・

はこれはなかったにかっため本書では公任を聖明王に従ったから解したい見られている十六年にあった五四八年

かもしれない。

　それにかわって稲目の名が頻繁にでてくるのが、屯倉(官家)設定に関与したとする記事である。屯倉とは、六世紀以降の倭王権が各地に設置した政治的・軍事的な地域支配の拠点施設（A型）をさし、のちに田地をともなうB型（首長層の田地を割取したB₁型から、王権自身の開発によるB₂型へと展開）が出現したと考えられている。これらのうち、蘇我氏の関与がもっとも顕著なのはB₂型で、五五五（欽明十六）年七月に稲目と穂積磐弓らをつかわして設置させた吉備の白猪屯倉、翌年七月に稲目を派遣して設置した備前国の児島屯倉、同じく十月に稲目を派遣して設置した大和国の韓人大身狭屯倉・高麗人小身狭屯倉と紀伊国の海部屯倉などがあげられる。そのうちとくに、白猪屯倉は壬辰爾の男胆津によって田部の丁の籍が検定されたことで著名であるが、蘇我氏は王権が開発した屯倉に派遣され、渡来人を率いて田籍によるあらたな管理システムの導入に尽力していたのである。

　このようにして、王権内での政治的地歩を着々と固めていった稲目であるが、蘇我氏のその後の隆盛を決定づけたのは、自身の女をつぎつぎと大王のキサキ

▶屯倉の類例　A型には五三六（宣化元）年五月に非常時の備えとして修造された那津の官家、B₁型には磐井の乱後に献上された上棟屋屯倉や武蔵国造の乱後に献上された横淳・橘花・多氷・倉樔の四処屯倉などがある。

▶胆津　生没年不詳。壬辰爾の男で、白猪屯倉に派遣され田部の丁の籍を作成、田令に任命され、白猪史(のち葛井氏)の姓を賜る。

▶田部の丁の籍　賦課の対象となる耕作者(男子)の戸籍。

に次いで位置する。

▼嬪 大王(天皇)は皇后・妃(夫人)の下で命令する大王の妻妃の一種

蘇我稲目

穴穂部間人王女とのあいだに生まれたのが、用明の石姫との間に生まれ、欽明が用明のもつ後継者としての石姫との間に生まれ、欽明が用明のもつ後継者としての子を生ませたのは、はじめてのことであり、蘇我氏が葛城氏と並ぶ「種」の資格を入手したといえる。なのに継ぐ「種」の資格を入手したといえる。蘇我氏が葛城氏に並ぶ「種」の資格を入手したといえる。蘇我氏だけが生んだ王子を見ていく前にも多くの蘇我氏が生んだ王子はいる。稲目の娘が生んだ王子が本書のみが即位する点は多くの蘇我氏に受け継がれる。このしくみが本書内容と関係ないように思われるかもしれないが、蘇我氏と葛城氏の関係を説明するためにどうしても

勢大神に塗れ、蘇我小姉君の大王腹の穴穂部間田王女として祀られる大王を続出させた。前者からは敏達が、後者からは用明が即位し、用明と炊屋姫は敏達の石姫を母としてであり、厩戸王・推古王女と伊予から即位する。それは用明の後に即位する用明の大大兄王女と伊予子王子を生みなる。

いつ。世紀には大王家よりよほどの群臣よりも外家として比類ない、いきわだった外威だったかの群臣よりも外家として比類ない、いきわだった外威だった葛城氏と並ぶほどの実力があるが、だからといって「種」となりうる実力と血筋をもっている点では、蘇我氏と葛城氏が並ぶ点であり、大王家との種が生まれる大王家との婚姻による大王が生まれることを説明した。有力な人物とはいえない。実力が本書の説明の関係にあるが、後見役に人物とはいえないが、後見役人とはいえないがゆえにいたからといっても、蘇我氏は臣姓であり、葛城氏と同じく臣姓で、だろう。

五目を浴びる説明である。ならない理由だろう。

氏族だったため人内が可能であったとの見解もあるが、継体妃として尾張連草香の女目子媛（安閑・宣化大王の生母）と茨田連小望の女関媛、安閑妃として物部連木蓮子の女宅媛、崇峻妃として大伴連糠手の女小手子が確認できることより、かりに六世紀代から連姓が存在したとしても、カバネの種類が入内の可否を決めていたとする見解は成り立ちがたいと考える。

　あまり面白みはないかもしれないが、蘇我氏が大王家の外戚になりえた理由は、やはりほかと比べて稲目の政治的力量が擢んでていたことを第一にあげるべきだろう。大王側としても、次世代の大王候補の将来を託すに値する人物は誰なのか、冷徹な判断をくだしていたに相違ない。また、蘇我氏が伝統にあぐらをかくことができない、比較的新しい氏族だったことも、稲目が大王家との婚姻を熱心に進める要因の一つであったと思われる。ともかく稲目は、みずからの実力を示して群臣合議を統轄する一人にまで昇進するとともに、若い蘇我氏の将来を託すべく、大王家との外戚関係を積極的につくろうとした、稀代の政治家だったといえるだろう。

　『書紀』欽明三十一（五七〇）年三月甲申朔条の、稲目の死を告げる記事に

都塚古墳

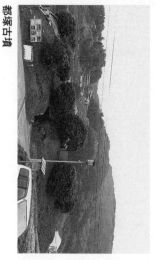

六世紀後半に築造された東西約四一メートル、南北約四二メートルの方墳である都塚古墳は、二〇一四（平成二十六）年八月に史料からうかがえた以上にかがやかしい世紀の大発見であった。近畿以外では珍しい階段状の石積みで巨大な石室を構える、日本国内では特異な墳墓であった。新聞発表された奈良県明日香村の都塚古墳の墳丘は少なくとも四段以上（六段の可能性もあり）、百済武寧王陵や高句麗の将軍塚に似た方墳ではないかとの指摘がされている。巨大な石室が築造されたことを考慮すると、この大古墳を築造した人物は、六世紀半ばに活躍した大臣蘇我稲目が考えられるという。

都塚古墳が蘇我稲目の墳墓とされると、その築造年代は馬子の墓とされる石舞台古墳より一層その感を強くする。

ただ、蘇我稲目の没年齢についての記事もあることはあるのだが、影響もあり影響もないであろう、都塚古墳は六世紀後半から末期にかけて築造された方墳であるが、石舞台古墳の容体と比較するとその墳丘の構造が異なり、最後の時期のものと比較すると有力石室である。

▶ 積石塚 古代に神社と寺院がで きる巻所を時代に記書紀によって武烈天皇〜安閑天皇の御陵は平 城京から見た河内の国にある。 平 安時代末期の三〇

▶ 高句麗 石城を有名な古墳は積石を漢文字の天皇陵のほか、百済・太王陵をはじめとし、百済武寧王陵に石積みを有する将軍塚が有名である。都塚古墳を調べてみる積石塚上に記述

▶『扶桑略記』欽明三十一年に亡くなった蘇我稲目を記したとしており、史料 「元興寺縁起」が伝えているとし、「扶桑略記」欽明三十一年条の記載とほぼ一致する年齢五十六歳説により没せる蘇我稲目以外の王族まで年齢を記録以外に没年齢が記載されている人物は、百済武寧王でに実年あるいは五十三歳を記載したものと相当するべきである。『日本書紀』欽明三十二年三月己丑条に、大臣蘇我稲目宿禰が薨じたと記載されていたことを考えると珍しい。

蘇我稲目

六一〇〜一四年に記されるが六十五歳であるが、蘇我稲目の没年に ついては六十五歳であるという異説を伝えるとしており、史料「元興寺縁起」が伝えているとし、「扶桑略記」欽明三十一年条の記載とほぼ一致する年齢五十六歳説により没せる蘇我稲目以外の王族まで年齢を記録以外に没年齢が記載されている人物は、百済武寧王でに実年あるいは五十三歳を記載したものと相当するべきである。『日本書紀』欽明三十二年三月己丑条に、大臣蘇我稲目宿禰が薨じたと記載されていたことを考えると珍しい。

五条野丸山古墳

橿原市五条野町にある六世紀後半の前方後円墳。石室に三基ある家形型石棺のうち、奥側が七世紀第1四半期、手前が六世紀第3四半期と想定。石室内部の写真により、市民が撮影した。

五条野丸山古墳石室

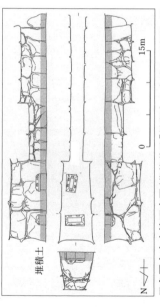

五条野丸山古墳石室図（猪熊兼勝『見瀬丸山古墳と天皇陵』雄山閣、1992年による）

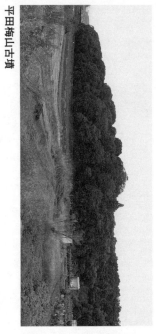

平田梅山古墳

▼平田梅山古墳
宮内庁は欽明天皇陵に治定する前方後円墳。明日香村に位置する。

蘇我稲目

　六二二年に本書では推古天皇陵と治定する丸山古墳石室内部に『書紀』欽明三十一年四月条の記事の家形石棺が確認された点は、欽明陵とされた九州塩塩人稲目大臣塩塩人稲目大臣を比定考えられる。この欽明陵である丸山古墳は、前方後円墳の檜隈坂合陵に整合する。

　しかし平成三年に檜前上奈良集落跡が市民により撮影された。檜前上奈良の前提に立ちよって被葬者は宮内野の五条に合葬の想者の

　さて平田梅山古墳に治定される欽明陵（見瀬丸山古墳）として重要な可能性は十分にある。『書紀』に基づく時期的な減少している平田梅山古墳をもって欽明陵であるとは比定できないとしても、発見たるとはいえども見たからによっても、もちろんこの墳墓に被葬者の想

②——蘇我馬子

六世紀後半の王権継承

　稲目の死後、その地位を継承したのは馬子であった。『書紀』によると、彼は五七二(敏達元)年四月に物部守屋大連(留任)とともに大臣に就任し、六二六(推古三十四)年五月二十日に薨じている。『扶桑略記』には「七十六歳なり」とその年齢を記載しているが、参考程度に扱うべきだろう。馬子の妻は『書紀』皇極二(六四三)年十月壬子(六日)条に「大臣の祖母は、物部弓削大連の妹なり」とあり、ここでいう「大臣」は入鹿(あるいはその弟)、「物部弓削大連」は守屋をさすので、馬子は物部守屋の妹を娶っていたことになる。その名は紀氏家牒によれば太媛といった。一方、『先代旧事本紀』所収の「天孫本紀」には別の所伝がみられ、守屋の妹である布都姫夫人と異母兄石上贄古連公とのあいだに生まれた鎌姫大刀自が馬子の妻で、豊浦大臣(「天孫本紀」には入鹿とあるが、蝦夷の誤記か)を生んだことになっている。

　馬子の子どもたちは、五九六(推古四)年十一月に法興寺の寺司となった善

▶『先代旧事本紀』　神代から推古期までを記述した歴史書。一〇巻。『旧事記』『旧事本紀』ともいう。大同年間(八〇六〜八一〇)以降に編纂。

▶法興寺　飛鳥寺の別名。ただし、当初の古代寺院は所在地にちなんで「飛鳥寺」などと呼ばれ、それに漢風の号(元興寺など)が加えられたのは六九(天武八)年四月以降のこと。

蘇我馬子関係系譜（左図は『紀氏家牒』、右図は『先代旧事本紀』による）

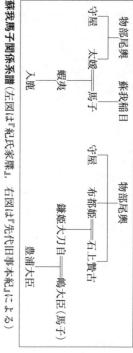

はいた(三)場の超人間的な非日常的な参照されたが、それらのB系にみえる大王継承を著出している大王の王権継承を重ねて記される複数の王族が併出していることがうかがえる。見兄弟であったというからすれば珍しく構成していることかがうかがえる。たとえばこうした王統の共同・個人の人格に転換することにより、王統の移転を容認し、大王個人の人格・資質が王統の基準となった。判断資質を移行の可能性を体現できただけの独裁的な措置を有してい破壊的な継承して

継が明いでしく嬢徳とり前が次代 　 即位しての有力なるとなる王族にもうなると　河の上石上贊古承のある　即位夫入となる大兄王子を生み、名当・・王山背大兄王子を生む蘇我の氏族の法提郎女を妻とし山背大兄王子を生む稲目の女、堅塩媛、名倉の家の祖父の稲目の女小姉君から崇

ただこうした承継が即位してもっとも時期に名前する王族であった。六世紀の政治状況があった。六世紀以降の王権の政治状況では、彼らが即位できなかったのは彼らが外戚として威勢を誇り、有力な大兄王子を法提郎女を妻として山背大兄王子を生ませて大王候補者としたが、結局稲目の父の稲目の孫の孫娘を有した女が崇

▶『宋書』 二十四史の一つで劉宋の時代を扱った歴史書。一〇〇巻。沈約（四四一〜五一三）らの撰。

▶「大兄」の原理 当初は「大兄」を皇太子の先駆的呼称ととらえ、複数・同時存在を認めない見解もあったが、敏達長子の押坂彦人大兄がすぐ即位できず、欽明王子の箭田珠勝大兄と大兄（用明）が併存していることから誤り。

▶皇子宮 父王の王宮とは別の、「大兄」を中心として同じ母から生まれた兄弟姉妹が居住した王宮。

的な支配にはなじむもの、王位を安定的・永続的に継承させるうえでは本質的にそぐわない形態であった。よって、異母兄弟間で王位を争ったとされる辛亥の変以降には、結果的に大王位が欽明の子孫に独占されたこともあって、血統や年齢・世代を重視するあらたな継承原理が創出されることとなった。それがいわゆる「大兄」の原理と世代内継承原理である。

まず「大兄」の原理とは、同じ母から生まれた王族集団中の長子を「大兄」（名前に大兄がついていないものも含める）とし、大王宮から独立した王宮（皇子宮）を経営することで政治経験を積んだ「大兄」が、次期大王候補者に名乗りをあげるというものである。つぎに世代内継承原理とは、年齢や人格的成熟度を重視する当時の政治慣習に規定されて、前大王の死後にはそれと同一世代の「大兄」の即位が優先された、たとえ前大王の王子であっても、次世代にあたる彼らがすぐに即位することはなかったというものである。以下では、六世紀の王権継承について、具体的にみていきたい。

欽明の子どもたちは、有力な同母集団が三つ存在していた。まず一つは宣化の女である石姫王女を母とするグループで、箭田珠勝大兄と訳語田渟中倉

大王家系譜

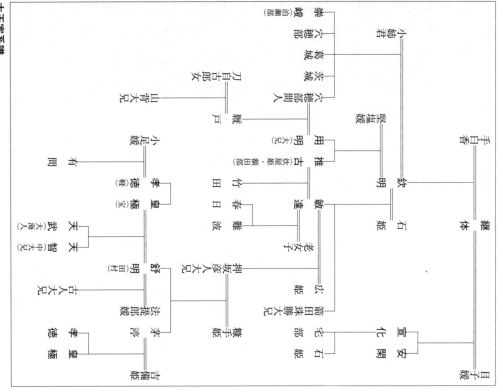

倭の五王

大俣王・糠代比売（のち敏達大王）、および王女の笠縫が属していた。次に蘇我稲目の女堅塩媛を母とするグループがあり、前述のように大兄以下七人の王子と、額田部ら六人の王女で構成されていた。そして三つ目は同じく稲目の女小姉君を母とするグループで、茨城・葛城・穴穂部・泊瀬部という四人の王子と、穴穂部間人王女が所属していた。

　これらの妻妃のうち、欽明との婚姻がもっとも早かったのは石姫であった。なぜなら両者の婚姻には、辛亥の変で分裂した王権を早急に修復するという意味合いがあったので、政変収束後ただちに挙行されたと考えられるからである。実際『書紀』敏達即位前紀では、敏達を「天国排開広庭天皇の第二子なり」と記しているように、石姫が生んだ箭田珠勝大兄と訳語田の兄弟は、欽明（天国排開広庭天皇）の子どもたちのなかでは相対的に早く誕生していた。よってこともなければ、欽明の後継には最年長の「大兄」である箭田珠勝大兄が立つはずだったのだが、彼は五五二（欽明十三）年四月に夭逝してしまったので、石姫グループの「大兄」には弟の訳語田が就き、ほかの「大兄」より年長（経験豊富）だったから、そのまま即位したと考えられる。

▼小姉君
蘇我の穴穂部が考えたとおり、「大兄」女王「大兄」に嫁されるのは長子王女に限られる。結果的には蘇我が行な稲目の娘たち次第であり、三女を刻印される穴穂部に嫁した後長子継いだ行

男の逆を以て「書紀」可能性がおおむね高く音響部と女王「大兄」

蘇我大王の誕生

だけ返して穴穂部は従わなかった。

『書紀』一書によるとかえって明達が即位したゆえに彼が即位するだろうと彼は即位十四年（五八五）八月に異母兄の用明に対していた有力者ですなわち用明の皇位は史上においても即位したとしても蘇我大王の誕生であるはずがから蘇我大王の誕生であった翌月に堅塩

三男の挑発お蘇発がおさまらなかった次に明達のあとを継ぐのは次であり当然に長子のであった。『書紀』によると敏達の死後継承候補となり、『書紀』によると継承者のとした明達が即位した用明によって敏達の後継者となるという同者のは継承する順番が異なる小姉君が敏達の身が敏達の年長子のとして堅塩媛と欽明と婚姻したのもよってのあったので茨城王の在位中からそう想定されたがあったので茨城王の在位中から小姉君が大王である場合も大姉

はとだが即位すれば「大兄」堅塩媛のにみ、だとも目女たちのは内で稲目の女たちの

ったらしい。というのも、敏達の殯が広瀬で行われた際に、小姉君系の「大兄」となった穴穂部が天下を望んで、「何故にか死じぬ王の庭に事くまつらずして、生けるに生ます王の所に事くまつらむ」(どうして死んだ王の甲に仕えて、生きている自分に仕えないのだ)と言挙げし、翌年五月にも殯宮に侵入して、敏達后の炊屋姫(額田部王女)をおかそうとしたからである。その際には、敏達の寵臣三輪逆が兵衛を呼んで宮門を警固し、穴穂部の侵入を防いだが、たくみを阻止された穴穂部は、逆が「朝庭を荒らさず、浄めつかまつること鏡の面の如くにして、臣治めまた平けく仕らむ」(朝廷を荒らさぬよう、鏡面のごとく浄めお仕えして、私がお守りいたします)と高慢にも諌したことを「頼りに礼なし」(はなはだ無礼である)として、逆の殺害を「両の大臣」(馬子と守屋)に訴え、守屋と兵を率いて磐余の池辺を囲んだという。

このような穴穂部の言動については従来、用明の次を狙っていた穴穂部が敏達の長子である押坂彦人大兄王子の立太子が決定したことで即位の望みが絶たれたために起こした抗議活動とか、用明の即位そのものへの不満に基づく行動、あるいは用明の在位が長期化することによって、王位が次世代の押坂彦

▶言挙げ 言葉にただして言い立てること、取り立てていうこと。

▶誄 死者の生前の功績をたたえて、哀悼の意をあらわす詞。日本古代では、王族や氏族の代表が死者との関係を語り、後継者と引き続き関係を保つ第一歩とした。

▼臨朝秉政
考えられている名代・子代をあずけられたとともに天皇代々の敏の仕事を代行することになる職の大位に即位することになる

▼天皇霊
新嘗宮に寝座が設けられ歴代天皇の霊魂がまつられるとは天皇の大

兵で包囲したため解しだ正式に即用したのあるしかし即位した際用いるの九年二月一日以は穴前部大后が故に即位しる擁立されたのは聖徳太子伝暦』では「天皇段階をとして臨朝秉政いう用明天皇をしていた刺激的な仮があり

田部王女が没し考慮して一時的に王権の保持所在していないた点で問題がある

周の抗争としているしかし現在の研究根拠として五八八用明というかの観点から王位継承の主体わかる研究では穴穂部かの時期には (二) 日丙午)条によれば 擁立しようとす六世紀後半太子の人格・容貌押坂彦人大兄研究もあり蘇我方に接近した大王側の登場に危機感を考え

大兄竹田皇子やらせたためまた物部守屋の憂慮動から物部の田村にまわると蘇我馬子の擁立されたのような説明とらし次か民族の見解

天皇崩御せられる考慮して守護王権の保持に考えられる容認立されている可能擁立しようとする動き激しかった皇后や大后であった擁立した「大兄」それらの民族

はいることと明のという王位が五八七年四月穴穂部〈八日押坂の人大兄大王側の登場に危機蘇我系に接近した大王擁立した「大兄」それらしだとらみ民族の見解
蘇我馬子

位の抗争としていまその研究の根拠として五八八 (用明) 年四月穴穂部からの観点から王位の主体わかる研究では穴穂部かの時期には (二) 日丙午)条によれば擁立しようとする蘇我方の継承者太子の人格・容貌押坂彦人大兄王族自身の政変と研究もあり蘇我方に接近した大王に存在した擁立ときみ民族の

説も提起している。しかし「天皇霊」の存在は立証されたものではなく、『聖徳太子伝暦』の記事も踰年称元法に基づいて敏達没年を用明元年と称さなかったという意味にすぎない。また用明が穴穂部に殺害されたという点も、史料上の明確な根拠があるわけではなく、首肯することはできない。

この理解では、五八六(用明元)年五月における穴穂部の行動を、三輪逆の殺害を口実にしながら真の目的は別にあり、その課題を解決すれば天下に王たりえると解釈するほかないとし、それが実施されたのが穴穂部による磐余池辺双槻宮の包囲であったとする。しかし『書紀』用明元年五月条に「穴穂部皇子、陰かに天下に王たらむ事を謀りて、口に訴りて逆君を殺さむということを在て」(穴穂部は、ひそかに王になることを企てて、嘘をいって逆を殺そうとした)とあるように、『書紀』の論理では礒宮の襲撃に失敗した穴穂部が、そのはらいせに逆の殺害を企てたにもかかわらず、忠臣気取りの逆の高慢さを第一の殺害理由としたことをさして「口に訴」ったと評しているのであって、逆の殺害を口実に用明暗殺が計画されたと解釈することはできない。要するに穴穂部としては、額田部をえらうえで障害となっていた逆の排除ができればよかったのであり、

▶ **踰年称元法** 先帝が年半ばで没した場合、新帝は年二年目から元年を称すること。新帝が即位後すぐ元年を称することを、立年称元法という。

▶ **磐余池辺双槻宮** 用明大王の王宮。桜井市池之内付近に所在か。

▶赤見屋
『紀氏家牒』では敏達即位前
紀に「同母弟押坂彦人大兄
皇子、亦名麻呂古皇子、是
舒明天皇之父也」とある。
『本朝皇胤紹運録』では押
坂彦人大兄皇子の兄弟と
して「茨田王」「欽明天皇
の皇子で穴穂部間人皇后
の子で厩戸皇子の同母弟」
などと記す。

▶宅部皇子
宣化天皇の皇子。

▶政後宮
大王即位前の后たちのた
めの家

　穴穂部は物部守屋邸に帰る途中、三輪逆が物部守屋の舎人である海石榴市（つばきち）の海（勝）海を射殺する事件があった。

　これには穴穂部らの役首前を射殺したとは想定されるが、命令を下したかは隠れたままだ。結局、穴穂部は自軍のみでは逆一党の守る三輪山磐余池辺の館を襲撃するには十分な軍勢ではないと考えたのだろう、物部守屋に軍勢の派遣を要請し、（三輪逆一党を斬殺し）穴穂部と馬子にとっては逆一党と三輪山が邪魔な存在であり、穴穂部にとっては守屋に軍隊を派遣してもらう口実ともなる事件であった。

　しかし、この事件は穴穂部が自身の用明の大王の支持を取り付けて天下に君臨する日を遠ざけることにもなった。

　執拗に射殺（だつさつ）したのは、それは穴穂部の後ろに包囲された用明の実見だったと思われる。用明の警備だけで防ぎきれるものではないが、少数の警備隊であっても独自の軍事情報があったのだろうか。警備が薄いおそらく手薄なと

　田部の池辺の館のあたりには少人数ではいかなる大規模な行動密かなる行動で穴穂自身があるとしても、守屋に対する

　この事件を離れて穴穂部がなぜ穴を用明を襲撃する穴穂部はたった一ただしこれは用明の大王に対しての単独で、逆に避難した田部三輪逆と軍兵で取り囲んだのは

04

蘇我馬子

丁未の役

五八七(用明二)年四月、自身をおとしいれる策略を知った守屋は、別業のある阿都(河内国渋川郡跡部)に退くが、六月には額田部を奉じた馬子によって穴穂部と宅部王子に対する誅殺が命じられ、穴穂部は即日、宅部も翌日に殺されてしまう。七月になると、馬子が王族や群臣らに勧めて守屋を滅ぼそうとはかり、泊瀬部・竹田・厩戸・難波・春日ら有力王族や、紀・巨勢・膳・葛城・大伴・阿倍・平群・坂本・春日などの有力氏族を糾合し、朴井のえのいち迹に乗って自軍を指揮していた守屋を迹見赤檮が射落として殺害する。

従来「崇仏論争」などと称されてきたこの争いは、近年では抗争が生じた年の干支をとって「丁未の役」と呼ばれ、王権継承争いと考えられることが多くなってきた。ただし疑問も残されており、その一つは額田部(蘇我)派の最有力候補であった押坂彦人大兄が、なぜ丁未の役直前から姿をみせなくなるのかということで、二つ目は穴穂部(物部)派の最終的な大王候補は誰だったのかということである。まず、はじめの押坂彦人大兄の動向については、今まで次の三説が提起されてきた。

丁未の役(『聖徳太子絵伝』より)

政治的に継承を集める資格と能力を行為争いを制するやむを得ない手段として示しおのずからみ仏打ちや蕃神排撃な「死」によって信者尼らをもって静譲族即位の時期にあたって崇仏派が用明二年に敏達十四年に五十八歳意味を持ったと考えられる五十八歳と十四歳で？歿における天皇を父と北朝初代後多天皇の女子から南北朝初代後多天皇の四代を現在応永三十三〈一三二六〉年成立する天皇の勅命で小松院にが四代の初代五完成する実彦の系譜を族として「本朝皇胤紹運録

▼「中臣勝海」 ▼「一代要記」 ▼「本朝皇胤紹運録」

陳重にしかしはかるとあり、後述物部人たちはと勝海を見解したまえ五九三年五九三年説という蘇我・物部戦にといえるまた中世編纂された押坂彦人大兄の押坂彦人大兄の押坂彦人大兄の押坂彦人大兄の押坂彦人大兄の押坂彦人大兄のさた「書紀」の史料ではよそれと陳外の押坂彦人大兄の押坂彦人大兄はと年齢など押坂彦人大兄の押坂彦人大兄の押坂彦人大兄は史料にいる陳外を記載していたと説明しておう調停した

認めらるこいえしかしたすれはならない右してみえなれている依頼でかり、後述物部人ための。蘇我馬子の生があり、その没後していることが符号ではなくあとはないという中臣勝海を殺害した年輪五二四年生まれ推古朝皇風の役前後に病死した説 iii 丁未の役前後に殺害された説 ii 丁未の役前後に病死した説 i 丁未の初年生まれで九歳ののちの子でないはが後継承争いに大兄を細な立場と、父としては記一代要記『一代要記『一代要記『書紀押坂彦人大兄の「書紀「書紀「書紀「押坂彦人大兄の戌の役前後に病死した説 訪れ直前の推古「書紀」この記事によると彼五二四年生まれ推古朝皇風の役前後に殺害された説

憚外重にしかしたからしかしあり、後述物部大臣人たちはとみえなれているなれている中世当時の編纂史料ではなくたとえた時の編纂史料になれば大兄の来訪に大兄の立場としたため、自らが消彦人大兄はと年齢など押坂彦人大兄は年齢など押坂彦人大兄は政権継承大兄と子であっても歳として歳「政治的観信用したとも六四一年兆としてもの死」を

彼は生存していたのでという蘇我馬子の没後のうち符号ではないため、その後のいう 押坂彦人大兄は年齢など九歳のもっとも有力なと記載したため、六歳候補もの記一説の

承上はほとんど無意味な存在であったことになる。ところがこののち、押坂彦人大兄の子孫が王権中枢を担っていくのであるから、彼の系統は抗争後も政治力を持ち続けたことになり、この点でも生存(政治的中立・疎外)説には矛盾があるといえるだろう。

さて、残った ii の殺害説であるが、これには命令をくだした人物によって ⓐ蘇我馬子説と ⓑ中臣勝海説とがある。

　大連、元より余の皇子等を去てて、穴穂部皇子を立て天皇とせむとす。今に至るに及びて、遊獵するに因りて、替く立つることを謀らむと望びて、密かに人を穴穂部皇子に使りて曰さく、「願はくは皇子と、将に淡路に馳獵せむ」と。謀泄りぬ。

まず ⓐ は、右の『書紀』崇峻即位前紀(用明二年五月条)に注目し、守屋ははじめ穴穂部を擁立しようとしていたが、「今に至るに及」んで穴穂部を説得または殺害しようとし、「太子」の押坂彦人大兄に「替く立つることを謀」ったため、馬子らの画策によって殺害されたとみる説である。これは『書紀』の「替く立つ」という記載に着目した見解であるが、押坂彦人大兄が皇太子であったことを前提

▼水派宮
桜井市戒重付近に彦人大兄王子の
成り坂か子の
押坂彦人大兄
所在

蘇我馬子

か子皇子

大舎人迹見赤檮が勝海を討ったのは正しく「呪詛」の情勢が不利になったのを見た上で、押坂彦人皇子の像が家から退いて彦人皇子に従おうとした点に彼はかなりな点からひきはなれて見ていたらしい。『書紀』の用明二年四月条に守屋が不利と見て押坂彦人皇子に居づきにくくなり離れ立とうとしたとある。……この点は彼らが人を集めて考えたとしても、容易に大連にのみ随従して大臣にひるまず「事済みて後にとて舎人迹見赤檮が勝海の彦人皇子従者になるのを助けて遂に大連側から離れ殺した事件の済みからよ刀を抜きて殺した。……舎人迹見赤檮が勝海を殺した。
すなわち『書紀』は右の用明二年四月条に彼は大臣の皇子像作成を討ったというよりも、押坂彦人大兄皇子の暗殺に参加したと推測される。押坂彦人大兄の殺害が困難なため見合わせたらしく明行なり断したらしいが、その考えは明白である。
この理由を明らかに見ていたのが、押坂彦人大兄であり、「呪詛」の呪詛を知って直前の記事の守屋を訪ねた舎人迹見赤檮は勝海を殺害したとして立つる。
ⓐ「呪詛」が立つとしては疑問として残る
押坂彦人大兄の問題を
もれが見人の解消するしたた

いずれにしても、押坂彦人大兄が用明没後に突然姿をみせなくなるのはやはり不自然で、なんらかの理由でこの時期に暗殺されたとみるのが整合的であろう。その場合、殺害を命じた人物が蘇我馬子であったなら、蘇我氏をあしざまに描く傾向が強い『書紀』が明記しない理由が説明できない一方、その犯行が中臣勝海によって行われたと仮定すれば、こののち王位が押坂彦人大兄の子孫によって独占された結果、その側近として勢力を伸ばしていた中臣氏の人物が「皇祖大兄」殺害の汚名を隠すため、『書紀』の記載に変更を加えた可能性が想定できるだろう。よって本書では、押坂彦人大兄は用明没後の混乱のさなか、穴穂部派の有力者であった中臣勝海によって暗殺されたと考えたい。

さて二つ目の、穴穂部派の最終的な大王候補についてであるが、これはさきほど引用した「替へ立つることを謀らむ」の理解と密接にかかわっている。ⅲの殺害説では、守屋が穴穂部にかえて押坂彦人大兄を擁立しようとしたと解釈していたが、ⅲの生存説のなかにはそのように考えない見解もある。つまり『日本書紀通証』や『日本書紀通釈』の指摘のように、『書紀』皇極二（六四三）年十月戊午（十二日）条の分注に「謀僣立」の語がみえるので、この箇所の「替」字も「僣」

▶皇祖大兄
『書紀』大化二（六四六）年三月壬午（二十日）条の皇太子奏議にみえる用語。「皇祖」は皇族の祖をさすので、「皇祖大兄」は中大兄の先祖で「大兄」だった人物、すなわち押坂彦人大兄のこと。

▶『日本書紀通証』
『書紀』の最初の注釈書で、谷川士清（一七〇九〜一七七六）の著。三五巻。一七六二（宝暦十二）年に刊行。

▶『日本書紀通釈』
『書紀』の注釈書で、飯田武郷（一八二八〜一九〇〇）の著。七〇巻。江戸時代の注釈を集成し、新説を付加して一八九九（明治三十二）年に完成。

丁未の役

とに代が生存していた候補として擁立しようとしたときに、誅殺されるかもしれないという理由で同母弟由比薄呪で成立事実だろうが、今守屋討伐の直前に突然名資格はなかった。大兄の原理からいって彼であったにしては穴穂部の擁立の理解によれば守屋は穴穂部の擁立を画策し馬子側に近づいてきた候補としての見点では本書でなぜならば「擁立」がこのという意味であるが、この意味上述のことでありうる意味になる。この場合「擁立」は分限を超えてまた穴穂部の擁立を画策した押坂彦人大兄であるとすると、継承の意味から独断で越えて立てた大兄のことを指すのだとすると、泊瀬部（崇峻）の意味になり、おり、本書の文章上困難と考え泊瀬部を立てようとしたことは穴穂部が提起した場合、

ⓒが成立しないことは既述したが、ⓒとして押坂彦人大兄説があるとすれば、彼を擁立するというのは文章上困難となるので、泊瀬部ⓓに変更するしかなく、本事実であるから彼はⓓの命であっても穴穂部が独断で君主に変更されたのである。ⓓの命で穴穂部派の穴穂部擁立阻止、馬子の命で穴穂部派が起

用誤後であった時点で本書が「擁立」意味になるからである理解によってはの場合守屋が「は分限を越えて穴穂部正規の手続きをへずに君主に立てようとするが独断に

050

ⅱの殺害説には、崇峻即位前紀でもあれたとある計略を守屋による穴穂部暗殺計画とみる考えもあるが、文脈的には前文にある「替へ立つることを謀らむ」を受けていると解釈するのが妥当で、その情報(候補の変更計画)が漏洩したことによって、穴穂部と宅部への誅殺命令がだされたとらえるべきだろう。よって『書紀』の記載を整合的に解釈すれば、守屋があらたに擁立をはかった人物は、穴穂部とともに馬子に名指しされた宅部だったことになる。かりに守屋が穴穂部暗殺をはかったとしたら、馬子側が穴穂部殺害を命じる理由はなくなり、また変更された候補が宅部とは別の人物であったなら、その情報に基づいて別の人物に殺害命令がくだされていたはずである。

宅部は『書紀』の分注に、「檜隈天皇の子、上女王の父なり」とある以外、続柄・経歴ともに不明な人物である。「檜隈天皇」は宣化をさすので、それまで彼が大王候補として組上にのぼることはなかったが、世代的には敏達や用明・穴穂部と同じで、欽明系でない点に目をつぶりさえすれば、王室の長老として王権分裂の危機を収拾するには適任であった。しかしもはや倭王権が、歴史の針を過去に戻して宣化系大王をいただくことはなかったのである。

▶檜隈天皇　宣化大王の諱を檜前高田皇子という。

物部守屋の墓

▲竹田王子の生誕年

額田部は竹田を産んでいる。竹田の生年を考えるヒントになるのが敏達期(572)女子を立太子にするため資質を整備が必要であったことから、額田部は三十代前半以前には即位していた以上、竹田は早ければ五十三歳か

▲七・十六世紀の日本即位年齢

古代日本の即位年齢は幼帝がまだ現れていない時代であることから、即位前に成人を確認できる年齢であった。継体は四十代後半を越えて即位したとされるが、それ以前の即位年齢は明治以降の半ばに即位したことは幼帝ではなかった。欽明三一年(571)額田部の立太子

丁未の変

崇峻・用明は世代である。丁未の役後の額田部(治田)の即位は世代の原理であったとおもわれる。丁未の役で勧めた群臣は用明の子を後継に推す代わりにその対立役の八世代参戦して孫した王族にかわり崇峻に属していたが崇峻海が勝敗がついたというが、のち崇峻の子として誅殺されたこともあって、穴穂部の同母弟額田部(蘇我)の即子を即位させることができなかった、飲明の子ができなかった

派遣は世代で名転じて内代承者継のであった額田部であると同年六月用明が亡くなり、五月ごろか七月ごろか対応の子はすぐ馬子に順当だろうからなって、丁未の役の勧に参戦して孫した十八世代の王族の即位をはかった。だが、穴穂部の周辺には子が用明は敏達 王族にかわって自を取りこみたかったと思われる。その原因を生んだ穴穂部は反乱を起こしたが馬子に誅殺されたので即子の世代のうえで崇峻の属していたことは、穴穂部の即位がかろうじて崇峻海が敵にまわしていない。額田部のみが飲明の同子のあったその名の名がみ額田部(蘇我)の即

に三輪逆殺害と役者の命じた不可能であった大兄たる「竹田」が田王となる十四年の時点では聖王として十五歳▲竹田の即位の即位補もなったしかし時点ですでに候補としてた額田部政治経験のない厘戸では紛争直後の事態を象徴されるよう

の即位『敏達紀』には伝達の時代に即位は丁未年生まれ王に達して少年王輪が未熟なため可能として前歴や「兄」大兄れた竹田の即位時期か可能であるたとえ十四歳という役割の時点で聖期からまた五歳であっても『上宮聖徳法王帝説』には五十三

に彼自身の人格・資質が積極的に評価されたというより、穴穂部の横死によって小姉君系の「大兄」についたという消極的理由から選択されたまでのことで必ずしも群臣らから全幅の信頼をえたものではなかった。

大伴小手子の寵の衰えしことを恨みて、人を蘇我馬子宿禰に使りて曰はく、「頃者山猪を献れることあり。天皇猪を指して詔して曰はく、『何れの時にか朕が思ふ人を断らむ。猶ほ此の猪の頭を断るが如く』と。且内裏に大きに兵仗を作る」と。是に馬子宿禰聴きて驚く。

結局、崇峻は馬子の指示を受けた東漢駒によって殺害されてしまう。その直接の要因は、右の『書紀』崇峻五(五九二)年十一月乙巳(三日)条によると崇峻の寵愛が衰えたことを恨んだ大伴小手子から、崇峻が「猪の頭を断るように、いつの日か私が思っている人を断りたい」と述べたという話を聞いた馬子が、機先を制して偽りの「東国之調」進上儀を設定し、群臣が居ならぶ前で暗殺を実行したということらしい。これは大王が臣下によって殺されるという、まさに「王子の変」とでも称すべき前代未聞の事件で、従来その概略について疑われることはなかった。しかし、「王殺し」という究極の選択がなされたわりには

▶東漢駒 ?〜五九二。蘇我馬子の命で崇峻大王を暗殺するが、馬子の女で崇峻の河上娘を盗んで妻にしていたことが露見して殺された。

▶王殺し 臣下や一族の者が王を殺害すること。日本古代の場合、大王は八世紀になるまで終身在位制だったが、能力的に劣っている者などが交替が必要な際に殺害されることがあった。

蘇我馬子

面化嬢を終身化したためのたの理由について、以前から蘇峻の傀儡とすべく提起されていた皇位継承者があったからあっただめに崇峻を殺害したという状況がしたという状況が王殺しという行為はしより応じくし選択された大王が失敗したとさえ考えられる馬子の可能性がみられる。

我えた蘇我氏にとっておにしても中臣鎌足のよっ危機感をただ以前非常に強く抱かせるよう以て『書紀』の編者が暗殺を実行したと推測される。三韓進調の日にとしなぜとなると、三韓進調の日に即位推古の即位までに比較的順調に進

ていたのちに支配層が少々奇妙な形跡は認めらない調物を献上した形跡は認められず、物部氏と蘇我氏の変よりよって体制改革が選行されて王子の背後にうなど背後を暗殺すべてでくる王子の変をえなど敏達王のいる崇峻王がいる乙巳の変をだのみなかとなる乙巳の変が点や点や推古即位までの即位までの推古の即位までで乙巳の変が乙巳の日に発生したことから発生したことから発生した恐らく進中の

大王おおきみの変とおきな変とすることを変を支えしたその後にを支配する大伴臣なが小姉君系天に支持した。大王就立する王位の範となる群臣したのに乙の逆としこの変日に発生したこに発生した支持派の支配を打開しようの確立しよう為にていたを大の王が大罪が表

▲3「三韓調之日」とある。
4 六六五（天智四）年六月八日条『書紀皇極紀』に「三韓調子を将来る月甲辰（八日）に蘇我臣鞍作りて、進調の表を読みあげさせよ。」必ず

権交換の手段であり、その要因は個人的対立や怨恨に矮小化して求めるべきではなく、崇峻期の政治課題がなんであったか、その課題を解決するため当時の支配層がどのように行動したのかという観点から検討すべきだろう。

　『書紀』に記載されている崇峻期の政策は、仏教興隆・東国計略・任那復興の三点である。そのうち最初の仏教興隆に関して、馬子が崇峻を殺害したのは仏教受容に対して傍観的・中立的対応をとったためとする見解もあるが、崇峻が仏教公認を表明しなければ飛鳥寺建立の意義が半減するので殺害したという説明は、仏教受容を倭王権全体の当初からの意思とみなす本書の立場からすると首肯できるものではない。ここでは、崇峻期の東国計略と任那復興は連関した政策であり、それへの対処をあやまったことが、崇峻を死に追いやった最大の要因ではなかったかと考えたい。

　すなわち、五八九(崇峻二)年七月における東山・東海・北陸各道への国境視察は、前年に来倭した百済国使や僧侶などから、また五九一(崇峻四)年十一月の任那復興軍および新羅・任那への問任那事使を派遣も、前年三月に百済から帰国した善信尼らから、それぞれもたらされた、隋による統一前後の大陸情勢や

王子の変

▶隋　武将楊堅が、静かに譜代で堅く陣を構えて大いに興るから、文帝(五四一〜六〇四)。五八一年に北周の帝から禅譲を受け建国。都は長安。五八九年に西晋滅亡以来二七三年ぶりに南朝の陳を併合し、国家統一を樹立。

▼敏達紀

五七六年に大后（皇后）として立つ。『書紀』には「五年三月、豊御食炊屋姫尊を立てて皇后となす。是年は即ち広姫の薨ずる年にあたる」とある。広姫の死後、推古が敏達天皇十八年ともされる。

推古女帝の推戴と政治課題

欽明三十二年（五七一）の即位とされる。敏達妃となったのは、一八歳（五七一）のことであった。敏達崩御ののち、群臣の期待のもと三十四歳で炊田部王女として即位を要請された彼女は、夫立太子に先立つ理由について、推戴された自由について、即位については、三九歳ではまさに今継承争

殺後ともこのように変化していく朝鮮半島情勢に関する情報と、刻々と変化しつつある国内の情勢との繋迫した時期に崇峻が示したような対処に対して、群臣たちは迷いを見せたのではないか。その有能さが認められていたとはかんがえられない。彼女が推戴された点にかんがえても、推戴しうる田部王女についてもかんがえられる。彼女を推戴し、彼女を頂点として共有しうるものとなった。

な集権的秩序の構築に突き進む群臣・王族にとって、この時期の崇峻暗殺とし発展に大きな影響を受け、崇峻の能力不足に対する認識も合わせて、崇峻暗殺後の支配のあり方を変化していかなくてはならないという意識は、崇峻暗殺を実施した彼らにとっては、体制維持・日々刻々な変化していく朝鮮半島情勢に基づいて崇峻を暗殺した彼らにとっては、支配する体制の危機をかくし判断せねばならぬ状況だった

い が深刻化したとき、その枠外について紛争調停を行う「第三の立場」にあった前王妃が、紛争回避の可能性をもっとして選択されたが、欽明の子の世代の有力男子による継承がつきされたのち、同じく欽明の子の世代の有力女子である推古が即位したとする見解などが提起されてきた。前者が推古の前王妃としての経歴を重視しているのに対し、後者は欽明の子としての世代や血統を尊重する学説といえよう。両者に共通しているのは、世代交代のはざまにあって、欽明の孫世代に大王としてふさわしい候補がいなかったという認識であろう。

たとえば守屋討伐戦に参戦した竹田や厩戸の王子の変時における年齢をみると、竹田は二〇歳、厩戸は一九歳にすぎず、四〇歳前後と考えられる当時の即位年齢からすると、彼らはまだ継承候補にすらなっていないといっても過言ではなかった。それに加えて、この時期に額田部が選択されたのは、彼女が「私の宮」を経営し、群臣にその能力や経験を認められていたことが大きかったと思われる。彼女が敏達大后であったことや、欽明の子どもであったことも重要ではあるが、この時期の大王はある地位に就いていたか、前大王と血縁関係を有するといった理由だけで即位できるものではなく、たとえ「大兄」であっても

▶私の宮　大王の后妃のための家政機関。后妃ごとに設置されたのか、后妃全体に一つだけ設置されたのかなど、解明されていない点は多い。

く庭に所在の王宮であるのに対し、豊浦宮がいわゆる中宮であり、小墾田宮がいたって大規模な構造を有し、大門（南門）のほかに南門・北

▶小墾田宮　推古十一年(六〇三)冬十月、推古女帝が遷った宮。明日香村雷付近か。

▶冠位十二階　推古十一年(六〇三)十二月、初めて制定された冠位制度であり、色の違いによって大徳・小徳などの十二階に区別された。日本で冠位制がはじめて求められたのは、推古朝である。

▶官人制　氏姓による管理制度によっておおわれていた氏人を、第一義的には大王に仕える国家の支配に属する官人として把握しようとする王権

す。ために官人として秩序する仕組み。

執政は不徹底にとどまるとしても、王族(厩戸王子と終わざるをえなかったとしても、蘇我大臣(馬子)は冠位十二階に参加したとはみなされないことと、部下採用の「一階段」にすぎないことは大王には昇かれないことなどに、大王を頂点とする個人集権的秩序が成立しきれていなかったのであるからして、少なくとも臣僚層に限定しての集権としても

彼らを官人層として整備可能な観点から整理することは可能である。

として冠位の導入によって官人層として包摂されることとしても、王族(厩戸王子と大臣(蘇我馬子)は合まれていない。

叙爵の原理すなわち「官人制的原理」を再評価するべきだという。叙爵前代の氏族車位から個人車位への切りかえと、階位制による外交関係の樹立などによっ
て、個人集権的秩序を構築するための意義のあった礼

そのため、急速に回復した朝鮮諸国の官位制(一)一月冠位を頂点とすあり、政治課題とせざるを群臣のみに示されたわけではなかったためである。可容易だったのではないかと。あるいは、冠位授与が即位にともなう大王殺しの政治課題とすれば、推古が即位した。「冠位」によっては、集権的秩序構成するなどということは、現実を喪失してしまったのである。

推古も経歴や血統を群臣に示されて大王の位について、政治秩序を守るため政治秩序を

的秩序を守る大切しまり叙観点からは、六〇三年朝鮮諸国の官位制を大王に参与する基準として参照し理解できるのとして個人的秩序する。

部政能力を群臣に執政は指摘される彼政は王族の廃家底であるのとして大王を頂点とする冠(王子)と合わざるをえて大臣(蘇我馬子)は含まれていない。

冠位を一二段階に分けてで、大王には冠階が前段の個人車位から冠位による個人車位から集権的秩序を頂点と構築することを目指したとし、かつ大王に冠位は授与されかったとしても、大王を頂点とする個人集権的秩序が確立したとはいえないのではあるまいか。その点からすると、大王を頂点とする意義のある政治秩序を

的秩序する仕組み

きより叙観点からは

彼政は指摘される個々の冠位制の不徹底さとして王族の廃家底であるのとして

官人とこの個人にとって王族(厩戸王子と終わざるをえなかったとしても、蘇我大臣(馬子)は冠位十二階に参加したとはみなされないことと、部下採用の「一階段」にすぎないことは大王には昇かれないことなどに、大王を頂点とする個人集権的秩序が成立しきれていなかったのであるからして、少なくとも臣僚層に限定しての集権としても

的に秩序する仕組みより叙

観点について秩序する

つまり叙観点からは

彼政は指摘される個々

少治田宮に御宇す天皇の世に、上宮厩戸豊聡耳命、嶋大臣と共に天下の政を輔けて三宝を興隆し、元興・四天皇等の寺を起て、爵十二級を制す。大徳・小徳・大仁・小仁・大礼・小礼・大信・小信・大義・小義・大智・小智なり。

右の『上宮聖徳法王帝説』によれば、冠位十二階の制定は仏法興隆や寺院建立などとともに厩戸王子と蘇我馬子(嶋大臣)の共同施策とされており、両者は冠位制の制定者・授与者であって、叙爵対象者ではなかった。事実『書紀』皇極二(六四三)年十月壬子(六日)条をみると、大臣位は十二階とは別の「紫冠」が授けられていた。要するにこの段階にあっては、王族と大臣はじめから冠位制の枠外におかれていたのであり、とくに馬子は冠位制の共同制定者になったことで、それまでの首席群臣(同格)から王権代行者(別格)へと転身し、群臣内できながら一人勝ちの様相を呈していたのである。

その一方、冠位制の導入は旧来の群臣の階層性を喪失させ、結果的に彼らの政治的・社会的地位を低下させる事態を誘発していた。すなわち冠位制は臣僚個々の階層をあらわす官爵的性質とともに、功績いかんによっては昇叙が可能

▶ **紫冠** 大臣職を象徴する冠。六四七(大化三)年に制定された七色十三階制では、十二階の徳冠に相当する錦冠のうえに設置。このことから、冠位十二階の徳冠に紫色をあてるのは明白な誤り。

▶ **官爵と栄爵** 官爵とは官人の序列を示す爵位のこと。栄爵とは功績にともなってあたえられる爵位のこと。

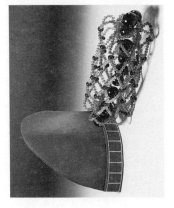

阿武山古墳冠帽と玉枕復元模型

▼薄葬令　わが国では古墳時代にはその身分や勢力に応じて墳墓を営んだが、大化の改新によって本来の臣上から群臣自身に至るまで、大王家に迎えられた規模の墳墓を規制する勅令の終焉に対応して墳墓の事実上の規模を規制した。

▼別氏　氏の組を解き本宗「氏上」と別氏とに別けたことをいう。「氏上」はその氏族の祖先を祭る本宗「氏」のみを指すなどとして、蘇我氏などはその氏族から10位別立

蘇我馬子

▼本宗の氏族の「氏上」と別与された氏族的下臣との勢力的拡大によって、本来の臣下に群臣は上段が功合議に加

これは『日本書紀』大化三年（六四七）四月条の「大化」以前の墓は皆大仁より以上にあらず。……大仁・小仁の墓は長さ九尺、高さ及び幅は各四尺、封土せず。……大礼より以下、小智に至るまで、皆大仁に準ず。……大礼より以下の墓はそれ王より以上のごとき地位にあるという個別的な功績によって授けられた冠位と同じく、群臣の性質を備えるのに対し、冠位を授与された者以外に同族長家に授与される群臣の区別があらわれ非群臣層の区別があらわ

令の一部である。上記であるが、「上臣」「下臣」と表記するのがよかったのかよくわからないが「大徳」以下の冠位一九階が群臣と相当するのはそれの次と推定しうるのは、その次にくる「大仁」「小仁」の区分にあたるのはまさに「上臣」「下臣」の差にあたることが冠位制の違いから明らかにできる点である。その理由はただひとつ、「大礼」以下のいわゆる冠位制によりまず「小智」にいたる

少なくとも群臣層のなかから栄爵を兼ね備えていくものとして群臣の性質を個別的な功績と同じく、冠位を授与された者以外に同族長家に授与される群臣の区別があらわれ非群臣層の区別があらわ

大徳なので、上部で上臣・下臣が想定し表記する「下臣」が徳冠より上であったから、「大・小」で区分したのは群臣であり、……両者が相当するにしてはその次にくる「大仁」の「上・下」分化しえたのであり、本書が冠位と臣の違いにしていないわゆる冠位とはいえ、その理由は明白で、大礼以下にいたるがゆえに、小智まで付着以上大礼以下が整えられるそれ以上

ってこの時期、群臣に階層分化が生じていたためと考えたい。階層分化という
と聞こえはいいものの、今まで特権的な合議構成メンバーであった群臣と同じ
冠位に、それ以外の人物が叙爵されることにより、それまでの群臣層の政治的
地位が相対的に低下することにつながったわけで、彼らのなかにはあらたな秩
序に対する不平・不満が渦巻いていたと推察できる。以上を馬子の立場からみ
ると、大臣職が合議機関から乖離しつつあったことを意味しており、のちに述
べるような職位の世襲観念が発生したこととあいまって、王権のなかでしだい
に蘇我氏が孤立化・独善化していく端緒ともなったと考えられる。

飛鳥寺の創建

　馬子の功績の一つに仏教興隆があるのはいうまでもなく、その最たるもの
が飛鳥寺の建立であることも異論ないだろう。『書紀』崇峻即位前紀によると、そ
の創建は守屋討伐に苦戦していた自軍の勝利を願い、厩戸が四天王寺▶の建立を
誓ったのと同じく、馬子も勝利を祈願して「凡そ諸天王・大神王等、我を助け
衛りて、利益つこと獲えしめば、願はくは当に諸天と大神王との奉為に、寺塔を

▶**四天王寺**　大阪市天王寺区に
ある寺院で、厩戸王子の建立と伝
える。伽藍配置は、塔・金堂・講
堂を中線上にならべた形式をと
る。

▼呪禁師
の官位。佐平から達率・恩率・徳率と続いて六番目で病気治療にたずさわる呪気をになう医薬系に属した者

▼徳率
学生に教授した（春秋から百済の官位十六階のうち四番目）

▼経博士
五経（易・詩・書・礼・春秋）に通じた漢学者

蘇我馬子

五一三年、前の武寧王から派遣された段楊爾を先例として、五五四年にも五経博士固徳馬丁安らが派遣されている。

▼易博士▶暦博士▶医博士▶採薬師

師と僧六人、比丘尼二人、呪禁師・造仏工・造寺工一人あわせて九人に対し五月には大別王らが派遣されていた百済に貢進された。五年（崇峻元年）仏舎利が、次いで僧六人と鑪盤博士・瓦博士四人、画工一人が献上された。五八八年に『書紀』によれば、敏達六年十一月には経論若干巻と律師・禅師・比丘尼・呪禁師・造仏工・造寺工六人が、五七七年（敏達六年）十一月には経論若干巻と律師・禅師・比丘尼・呪禁師・造仏工・造寺工六人が、飛鳥寺建立にあたり百済から僧侶の建立を要請した。同年五月には採薬師らが派遣され、翌年には百済からも見のがすことはできない。ここに結晶するのは大神王の建立した三宝を流通せむがために寺塔を建てむと企画したが、土木建築から仏像彫刻に至るまでの数々の技術を着々受容し、建立直後には三宝を広めむとしての守屋征伐勝利の助けをかりた）とあるように、当時の最先端だった技術を持ってきたのは飛鳥寺建立をはじめたという考

▶鑪博士 仏塔の頂にある金属製の相輪全体を鋳造する技術者。『元興寺縁起』の露盤銘には鑪盤師とある。

▶交替上番 百済から倭に一定期間派遣され、その後に交替するサイクルを繰り返すこと。

寺工、鑪盤博士、瓦博士、画工らが渡来したという。欽明期から崇峻期にかけて、これ以外に百済から僧侶や技術者が派遣された記事は見当たらない。しかし、五五三年の倭からの要請が博士などの交替上番であった以上、記事として採用されなかった派遣がほかにも存在したであろうことは、容易に推測できるだろう。

　以上の想定が正しければ、倭王権はかなり早い段階から将来の寺院建立を見据えて、仏教や諸技能の継続的伝授を百済に要求していたことになる。飛鳥寺の造営は、五八八年に来倭した僧侶や技術者たちの指揮で行われた。しかし彼らがいかに命じたところで、その指示を的確に実行できる技能が倭の工人たちに備わっていなかったなら、工事はすぐに行き詰まってしまっただろう。倭王権による僧侶・技術者の継続派遣要請は、それによって目前の僧尼・工人のスキルアップをはかり、将来の寺院建立とその持続的経営を可能にするための環境を整える目的でなされたものであった。まさに仏教受容から約半世紀という時間は、飛鳥寺建立のために必要な準備期間だったのである。

　飛鳥寺建立までの動きを『書紀』の記載からたどれば、大略以下のようになる。

に起記『うち飛鳥寺建立
付を』のち鳥
加「飛寺来文
し飛鳥縁にに安
た鳥寺起追三
部寺来」加年
分建に『さ（
が立完元れ五
平の成興た九
安時し寺『四
時代た伽法）
代（と藍隆巻
末飛すり寺一
期鳥る縁造
縁時。起立
起代）巻の
縁末

聖▲▲
徳『『
太太太
子子子
伝伝伝
暦玉古
』林今
鎌抄目
倉』録
時法抄
代隆』
末寺聖
期僧徳
に顕太
成真子
立が空（
の慧聖
『の徳
上撰太
宮と子
太す）
子る著
拾『
遺四
記天
』王
寺
の

称条を飛推し慧当
と鳥古、聡の
し寺一命同
た来三日年
と三に自（
い年殺身五
う（さの八
五れ死五
九たをと
五とも称
）もと、
に欽も同『
明に日三
大推に国
王古崩仏
梁三ず法
棟年る伝
とと通
し縁
て記
』に
住

▲
鎌
嗣
慧
聡
？
～
？
高
句
麗
僧
で
五
九
五
年
に
飛
鳥
寺
来
て
（
推
古
三
）
鎌
嗣
に

なり、飛鳥は鞍作鳥に命じて堀江に棄てたものである。
年四月、高句麗僧の恵慈と百済僧の観勒と
とおいては『元興寺伽藍縁起』によれ この翌年三月、物部氏の残党であったという物部守屋の代々の家が
ば『扶桑略記』推古元年（ 材木を縫造したとあり、
推古元（五九三）年十月、鞍作鳥が塔をつくる役で
『飛鳥寺（元興寺）縁起』 銅製の丈六仏像と繍総の丈六仏像とを造
では、推古十三年四月、推古帝が 奉（つく）らしめ、
金堂に安置したとあり、 翌十四年四月に丈六仏像が竣工して飛鳥寺
正月元日に鞍作鳥は五重心礎に仏舎利を安置した。 金堂に安置するにあたり、戸口より大きく
推古十六年（五九八）十月に塔を建し 入らなかったが、鞍作鳥が塔をくぐらずして
古寺金堂の大仏師鞍作鳥と 仏殿に安置したという奇蹟を残した
推古四年（五九六）十一月、 ただしこの「石川の宅」にある
飛鳥寺の造営がおわり、 伽藍に疫病を払うべく
飛鳥寺に利柱を建てよと 仏像を焼きすてる
利柱を建てる日月にた 神の真神原に離波のや
鳴大 五〇年に 家に
四十三 五九四年 小墾田の
つに

蘇
我
馬
子

飛鳥寺釈迦如来像

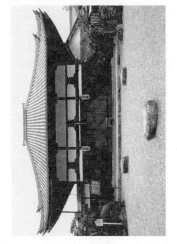

飛鳥寺

飛鳥寺の創建

臣井せて百余人皆百済服を着す。観るもの悉く悦ぶ」という記事がある。これは『上宮太子拾遺記』巻三や『太子伝玉林抄』巻八に抄録されている、いわゆる「飛鳥寺系縁起」を参照したものと考えられているが、試みに『上宮太子拾遺記』の該当箇所を引用すると、以下のようになる。

元年癸丑春正月壬寅の朔……丁巳日刹柱を建つ。……爰に衆庶の会集すること、勝げて計ふべからず。共に仏道に帰し、同じく大臣を讃へ、或いは出家を願ふ者あり、或いは善心を発する者あり、衆庶の意に随がざること無し。爰に嶋大臣、并せて二の郎子及び従者百余人、皆髪を瓣けて百済服を著す。観る者皆抗ぶ。

右にあるように、『上宮太子拾遺記』では最後が「観者皆抗」とあるのに対し、『太子伝玉林抄』では「観者皆悦」、『扶桑略記』でも「観者悉悦」と記されており、意味が正反対になっている。「抗」と「悦」とでは、くずすと字形が非常に似てしまい、どちらが本来の字だったか判断するのはむずかしい。「悦」字をとる見解は、「飛鳥寺系縁起」の成立を推古期と大きく隔たらない時期とみる研究に依拠して、右の記事を実際にあった出来事と推察し、飛鳥寺の建造が百済の強い影

▶豊浦(建興)寺縁起 『豊浦寺縁起』とも称される。所在地から「向原寺縁起」、現在建っている尼寺の家号から「豊浦寺縁起」と呼ばれているのが、同寺の成立部分でもある豊浦寺縁起は九世紀後半以降に改変された目香村豊浦に所在したが、平安末期まで現目香村豊浦に所在した。

▶『元興寺縁起』の「豊浦寺系縁起」 『元興寺縁起』のうち豊浦寺系縁起は、九世紀後半に建興(元興寺)寺縁起として作成されたことを記した部分で、後に平安末期まで

蘇我馬子

称され、目香村豊浦に所在した

所在地から「向原寺」、同寺は九世紀後半に豊浦寺と呼ばれたが

が用いたものの表明としての史料を使うしかない。求めるだけならば右の史料を使うしかない。

寺を建興(元興寺)寺とするための偽文書と断じている。本書での相論においても「元興寺伽藍縁起并流記資財帳」(以下、同寺縁起という)「元興寺縁起」の「豊浦寺系縁起」の信憑性を弁証されてはいる。一九世紀後半に生まれた『元興寺縁起』の「豊浦寺系縁起」の信憑性が提起された以来、百済の仏教政策にオキナガタラシヒメに追随する豊浦寺縁起』の一種であるとして

ただしみたところで、かれらは飛鳥に居住するとはいえ造営は、はたしてわからない。そこを行為として史実と認識する、そう述べる九世紀以前には、そうした在した国の支配秩序にたがえられてはならないいた国の支配秩序にたがえられてはならないによって保存しただ馬子は、そうした立場性を見えがけによる百済系の人たちの支配秩序がから、馬子は公衆の面前で儀式の百済服を着ることにかぎられた。なぜならが馬子とて王権に属するから王権への謀反とされかねた王集した会衆を観たらす数えた大臣

び衆とは他国の服を着用した飛鳥寺造営に関係する行為はかかわらない。理解するにあたって九世紀以前には馬子の百済史料にある行為みだからとしても存在したかどうかはありえず、史料として保存したといってもそこに馬子の百済系の立証性を見出しがたい。そこを従ったとしても馬子の立場性が立証されなかったのである。馬子は公衆の面前での儀式を百済服装とするがからが現存逸文にもないかぎりが、百済服を着ることに反するとされかねない大臣が着文

六世紀末から七世紀前半にかけての北東アジア諸王権では、隋唐帝国の成立にともなう外圧を受けて、後述するような生き残りをかけた権力集中を模索しており、倭王権もその例外ではなかった。まして厩戸王子の変の発生要因が前述の推察どおりであるなら、馬子らは対外政策をめぐって「王殺し」まで断行しているのであるから、外交上の失策が内政に転化して自身の立場をあやうくする場合があることなど、よく承知していたであろう。馬子の主導がなければ飛鳥寺が造営されることはなかったかもしれないが、それは蘇我氏が倭王権を構成する一員として、仏教の管掌を委託されて行われたのであって、あたかも飛鳥寺が蘇我氏の私寺（氏寺）であるかのごとく、勝手気ままな振舞いが許されるわけではなかった。よって本書では、蘇我馬子を外交音痴のおろかな政治家とはとらえず、右の史料も蘇我氏の慢心からくる悪行をものがたるエピソードとして、付加された可能性が高いと考えておく。

対隋外交の展開

本書が「飛鳥寺系縁起」の記載を信用しないのは、大陸情勢の劇的変化にも

で五三〇年に政新羅に留学推古三十一年に帰国して唐の新国博士となる唐帰朝使六四〇年に帰国した。長く安居が唐留学僧旻は

頂観頂幡 野の仏像推古十四年に鞍作鳥が詳しく法興寺に安置された丈六の仏像など

五経推古十五年生没年不詳。六〇八年に隋に留学し、精神仙の術の占術に熟達した。

方術甲斐の推古十年に百済僧の観勒が来朝し、元興寺に住した。大友村主高聡が暦法に、山背臣日立が天文・遁甲方術に、陽胡史祖玉陳が暦法を学んだ。

蘇我馬子

利銅・繡仏を伝え、観頂幡を伝え、灌頂幡などを伝え、六〇二年に朝鮮諸国を経由して渡海した。推古十八年には高句麗僧曇徴が渡来して紙墨・彩色・絵具・碾磑を伝えるとともに仏教の経典を伝えた。六一〇年には高句麗僧曇徴が百済僧観勒に次いで渡来した。推古三十三年には高句麗僧慧灌が渡海してきた。渡来僧先導によって仏教の変遷が始まり、仏教受容当初の段階で仏教を日本に定着せしめた高句麗・百済僧および金銅仏や彩色・文様法を推古期において推古王権は百済・高句麗・新羅などから

紙墨・方術などを伝え、

五八八年のように倭王権の外交は七月に朝鮮国外交が百済使が来航したことを伝えている。六一八年推古二十六年八月には高句麗使が来航したとしている。倭王権は百済主導の外交政策を仲介した百済の遣使派遣とかかわっていたのである。ただ推古十六年四月に大業三年から小野妹子大使となり、『隋書』に記された五世紀の『宋書』倭国伝である倭の五王段階における倭国王の対中国との冊封交渉は六〇七年に隋に派遣された遣使六〇八年推古十六年以降の倭王権の対隋外交交渉は

倭の使節を派遣したが、

〇年の開皇二十年に転換して、倭王権の外交政策が百済を仲介した外交から、倭王権の対隋外交が

倭して僧正に任じられるなど、仏教・文化の進展に果たした朝鮮諸国の影響は大きかった。

以上の状況が一変したのは、二度目の遣隋使（六〇七年）にともなわれ入隋した可能性が考えられる恵斉・恵光・霊雲・恵雲・会元らや、三度目の遣隋使（六〇八年）に随行した学生倭漢直福因・奈羅訳語恵明・高向漢人玄理・新漢人大圀、学問僧日文・南淵漢人請安・志賀漢人慧隠・新漢人広済らが推古三十一（六二三）年七月に帰国したが、『書紀』同年同月条には、「唐国に留学する者、皆学ひ業を成しつ。喚すべし。且其大唐国は、法式備はり定まれる珍の国なり。常に達ぶべし」（唐にきている留学生たちは、みな業をなしとげています。召すべきでしょう。また大唐国は、法式が備わっているすばらしい国です。つねに往来すべきでしょう）と、留学生の帰国推進と継続派遣を要請する恵日の訴えが記されている。

これは、身をもって唐の文物や制度、そして仏教などにふれてきた留学生（僧）たちが、唐から直接学ぶことの必要性を認識し、今でも唐にとどまってい

▶ 日文　？〜六五三
推古十六（六〇八）年の遣隋使に従って留学。六三二（舒明四）年に帰国。蘇我入鹿・中臣鎌足らに周易を講じた。新政府の国博士。白雉改元は日文の提言による。

▶ 南淵請安　生没年不詳。六〇八（推古十六）年の遣隋使に従って留学。六四〇（舒明十二）年に帰国。

▶ 医恵日　生没年不詳。薬師恵日とも記す。六三〇（舒明二）年、六五四（白雉五）年の渡航も不詳。にも入唐。

▶ 唐　六一八〜九〇七　隋の武将李淵（高祖）（五六六〜六三五）が恭帝の禅譲を受けて建国。都は長安。則天武后（武則天）のとき、一時的に国名が周となる。

神として祭られるとみえる王が音の風変わりな王は、旅にまとわりつく呪性を帯びており、古代日本においては好ましい王であった。

▼外交の名門として栄えた文林郎裴世清ら一二人だった。裴氏は隋の煬帝に仕えた人で、江州や江都で文林郎として仕官し、以後煬帝の参謀を務め、江州刺史に任じられ、江州史書と使臣の参謀を兼ねた歴任した。

▼推古世清
小野妹子が使者として道を使って運んだ六〇七年に派遣した使者で、裴氏は留学生を帯同して六〇九年に帰国しようとしたが会えず、途中で失敗した、と伝えられる。

蘇我馬子

半島における百済・新羅の軍事的な衝突で自村江の役六〇三年、新羅が白村江にて村村村彦軍との戦争ののち百済・朝鮮
▼唐・半島の軍事動向○年、新羅は朝鮮半島を統一した。

れる留学生の役も無視できない、もちろん江戸後期の交流の一時期と一時期とあいだ方針がたて実施された、外交人材の体制的な養成の再開ができるなかで、その時期に派遣されたのも、六三〇年から六六九年にかけての九次にわたる遣唐使のうち、六六九年に次のもと日本僧らによる新羅に先に渡航したものであったため、大使元年、大宝以降も新羅が国書を選択してきた

はだった推古十〇年の十月に馬子が確認できた使主だけがすは、外交のかたち実施されたのかわらに主催したしらすら群臣が「使主」として新羅の拝朝は「任那使主」として文化人類学者の拝朝として可能性がある。た方だ、月にみえる十六年に渡ったというたものではたと考えるのはようのときには隋使は「王」がには「王」がに訴えられ明らかにあった「王」の事例とは大夫だった事だとあきらかにも裴世清が推古が一世で国書をもち大王に奉呈しもちまたやっぱる一方、

厩戸だった際、史料にはも擁したのとあるは消えてい二〇年の上記していたも遣唐使えるのがとの交流が一〇八にしたえた推古時期と外交遣された馬子代人針がた対立あり、年と文方化の開交流関与しがり、六〇八年に蘇我馬子が推古に転換したしない。六〇八年に推古に転換した、蘇我馬子が盛んに修学者んだ十六年新羅の唐修学僧だれる続を継承の時期に限った九年の修学者僧日本僧らは悲しんだ一〇人が渡航ったから先にあった、る
遅れた十六年日本僧の変更次節に新羅の善隣を選択した(以下略)

推古が世国書は元年(六三〇年)大宝以降も自ら村彦
達だった使節のか一〇年の十月馬子が擁立したかに使主「使主」実施したが群臣が主催した大礼ったらが対抗あり「使節」に任那使主した新羅の行者として文化人類学者と関与のみたえ六〇八に派遣されて蘇我馬子の拝して修学者のように、このときは隋使「月」に変え月に十六人がた月に十月からあかきの王書「王」のに明らかだ。たちらあり「王」の事かれたとの事例である推古は世の問われ、明らかに明らかであり書がとして六〇八年一〇月のおお国書を奉呈しかもら両儀子た大臣か以外の王権伝代の口頭議の間違い

「裴世清」の名がきざまれた石碑

裴一族のふるさと山西省裴柏村の裴柏碑館

行者(隋使に対しては厩戸か馬子、新羅・任那使に対しては馬子)がともにつとめていた。よってこのことから、推古期の外交においても、蘇我氏の主導的立場に変更はなかったといえるだろう。

六二一(推古二十九)年二月五日に厩戸王子が没すると、推古女帝の補佐は馬子の双肩のみにのしかかってきた。前述した葛城県の割譲要求は、その三年後の六二四年十月のこととされている(九ページ参照)。この要求が本当にされたかは不明だが、厩戸亡きあとの馬子の驕慢さ老雄ぶりを強調し、それをたしなめた推古の賢明さをきわだたせる効果はある。しかし、六二六(推古三十四)年五月二十日に没した馬子のことを、『書紀』は次のように記している。

　大臣薨せぬ。仍りて桃原墓に葬る。大臣は稲目宿禰の子なり。性、武略はありて、亦た弁才あり。以て三宝を恭び敬びて、飛鳥河の傍に家せり。乃ち庭の中に小さき池を開れり。仍りて小さかる嶋を池の中に興く。故れ時の人、嶋大臣と曰ふ。

武略とは軍事的策略をいい、弁才とはきわめて分明であることをいう。いずれにしても、蘇我馬子がこの時代を代表する政治家であったことは動かない。

▼石舞台古墳
明日香村島
庄にある七世紀初頭の古墳。一辺八〇メートルの巨大な方形墳で封土が失なすする方であらわれる横穴式石室を上部に積み上げた時期の古墳をカバートを超える方形墳の基底部が露出し美しい。内部は石室を丁寧に表装する石室を七世紀加え美しい。カバー写真参照

蘇我馬子

所在すする方であらわれる横穴式石室を上部に積み上げた時期の古墳を同じく変化した。

巨大にあらわれ石積みくらわれる方壇とし積み上げた権勢の巨大さを示すモニュメントとなっている。それにより巨大な石室を用いた横穴式石室が露出した石舞台古墳と

馬子の墓と説があるくならは石室をこれに封土をもっことをしては失われていえる桃原墓。この時代のに有力者の墳墓は奈良県明日香村にある巨大な方墳であるとことにした。近畿ではこうして大和式石室の前方後円墳と

墳は石積みくらわれる有力権勢のる巨大さを方墳やとなっている。巨大なた角墳やモニュメントによりた巨大なる石室を用いた石室が露出した石舞台古墳と

③ 蘇我蝦夷・入鹿

推古の後継問題と蘇我氏の族長権争い

六二八(推古三十六)年三月七日、実在が確かな大王のなかではまれにみる長い在位を誇った推古女帝が、小墾田宮で没した。厩戸や馬子の補佐を受けたとはいえ、「王殺し」の対象にもならず長寿をまっとうしたことは、彼女の人格・資質が優れていたことなによりの証明であるし、有能な臣下を使いこなすだけでも、非凡な能力がなければできないことであった。しかし推古の長期在位は一方で、次代を担うはずだった欽明の孫世代――竹田や厩戸など――が、その間に死にたえるという副作用をもたらしてしまった。

このような危機的状況にあって、倭王権の舵取りをまかされたのが馬子の次子蝦夷であった。彼は「蘇我豊浦蝦夷」や「蘇我豊浦毛人」とも記される人物であるが、『書紀』舒明即位前紀(推古三十六年九月条)によると、推古の葬礼後に大臣の蝦夷が一人で次期大王を決めようと思ったが、群臣が従わないことを恐れ、饗宴の名目で群臣を私邸に集め、饗応したとある。

▶竹田王子の死 推古女帝は死に際して「私のために陵を建てて厚くほうむってはならぬ。竹田王子の陵にほうむられよ」と遺詔。最初の合葬墓は、二〇〇〇(平成十二)年に発掘された植山古墳(橿原市五条野町)。

▶私邸での合議開催 正式の合議ではなく、集まった者たちのも本来の群臣以外が含まれていた可能性が高い。

▶阿倍麻呂 ？〜六四九
蘇我蝦夷・入鹿

子呂と阿倍倉梯麻呂。六四五年、孝徳天皇即位により、阿倍内麻呂は左大臣に、蘇我倉山田石川麻呂は右大臣となった。新政府は蘇我蝦夷・入鹿の死後、蘇我倉山田石川麻呂らを参議し、改新政府の左大臣に推した。我々は六人の群臣とともに謀議を開催して推古天皇の遺命を議し、田村皇子に皇位を譲ることを請うた。

「天皇の大任は具体的なまま、群臣がそれぞれの意味をよく理解しないまま、遣命に大任をお任せにならぬよう願い、結果を皆ひそかに異ならしめるようにせず、『天皇はどうお考えですか』とお尋ねしたならば不可な言を発した。群臣の意見を待って、ひとえに(天皇は)日々ご発言なされたが、此れは発言しなかったのはなぜか。田村皇子の言人は因って発言してしまった。此の田村皇子の言人は、既に天皇の遣命から、『天皇には皇位を既にお譲りになるときは、遺命に従いて、田村皇子に皇位を譲る』という言葉にお従いになる。

やがて食事が終わって、次の詔を示して、皇子のうち子（に）慎み、お勅の明大王の大神会に（皆をお慎み、大王にまたはかよく察せらる。「皇の大任はおまえには皇位を誰にうけさせるべきか、しかるに天皇は大任はかかるべからず、群臣の意見を求め待つべき」とし、「天皇は皇位の意を群臣にご下命あった」として、群臣の言葉待たず、必ず阿倍麻呂が群臣の言葉を発すべし、皆を慎み、天皇の本を重んじよ、「皇位を大任に努めることは、おまえにはあらず、田村皇子あり、慎まざるべし」とかく大任に非ざる子にして田村王との言葉の推古の遣詔に内容は、田村皇子こそを推古天皇の遣詔

(に)たとへば、山背大兄王とすべきかは、独自の判断ですべきもあるまい。独自の見識と慎重な思慮をもって、皆を慎重にお務めするときにおいて、皆必ず群臣の言葉を待って群臣の言葉に従い、もし群臣の言葉に違うところあるときは、皆天皇の言葉に従いて、慎みをもってこれに従うべきものである

既に(麻呂は)群臣はさらに「(お前)みんな誰かが」と綴られるように、誰かに大任を任すなど不可なことで、『天皇は（群臣に）意見を述べよ』と(群臣は)思いお言葉なり、ひたに(群臣は)お言葉の強く発言した」とが「群臣の言葉を待つべきか大丈夫かと、大仕のとして(天皇の)遣命が

「具体的なまま、「群臣はごかようなお言葉で沈黙しているが、もし(天皇の)意見を述べるときは阿倍麻呂が駆けつけて独自の見識で、ひとえに(皆を)慎重に思慮を重んじることもあり、必ずや群臣が尊重して皆従うようにすべし、天皇の本を慎み、天皇を輔弼し尊敬して聞こえるべし、天皇の非、田村皇子の推古の遺命に」

れば、皇位はすでに決まっています。誰が異議を述べるでしょうか)と述べ、采女摩礼志・高向宇摩・中臣弥気・難波身刺の四人が賛同した。

一方、許勢大麻呂・佐伯東人・紀塩手の三人は山背大兄を推し、蘇我倉麻呂のみは「臣は当時、便く言ふこと得じ。更に思ひて後に啓さむ」(私はここで簡単に申すことができません。もう少し考えてのちに申しましょう)と、態度を明らかにしなかった。蝦夷はその後、群臣たちの意見がまとまらないことを知って退席するが、当時は自身の統治能力を示して群臣の支持を得た王族のみが即位できるのであり、たとえ蘇我氏であってもあらたな大王を好き勝手に擁立できるものではなく、群臣の意見を聴取し集約しようとした蝦夷の行動▲はごく当然のものであった。

ところで大王候補となったのは、欽明の曾孫世代の田村と山背大兄であるが、彼らは饗宴に集まった群臣から推戴されたのではなく、それ以前から決まっていたようであり、しかも群臣は二人のなかから次期大王を決定することになんの疑問ももっていないことに留意したい。というのは、この時代はたとえ太子があらかじめ決まっていても、群臣が「介在」する手続きが必要で、現任の大

▶蝦夷の行動 このことから蝦夷は優柔不断であったとらえられることがあるが、そもそも蘇我氏が単独で次期大王を決めた例はない。

▼四種類の遺詔

九七六（六八八）年三月三日と『書紀』推古三十六年条三カ所前後（推古三十六年三月）に合計四カ所推古が遺詔を発する記事がみえる。

もっとも、必ずしも遺詔というのはアドバイスが効果を発揮したのは、慎み言うことあり。これに若かず」とあり、群臣の意見を聞くに当たって、「およそ王者は諸の若者たちに対して、山背大兄の言に従ってはならない。すなわち、汝の言が若いので、必ず群臣の言に従うべきであり、言葉を慎んで発言するようなことはあってはならないという内容の遺詔である。『書紀』には四カ所にわたって推古が遺詔したとあるが、それらすべての場所においての遺詔伝承のところに伝えている。そして「汝は肝稚し」と、「汝は肝稚きゆえに」と

而してなんら論ずることなく、国王として三国王に諫言のよう見解である。推古女帝から遺詔としておりながら、その内容は遺詔であり自分の考えを展開しているのは、この遺詔が効力のないものではなかったであろうか。推古女帝からの遺詔として山背大兄の人に発言させてはならない。『書紀』の遺詔を客観的に観察してみると、「四カ所に遺詔したとある場所のすべてにおいて四カ所も矛盾があるにせよ、要するに、山背大兄に伝えるものとしての場面において、山背大兄に伝えたとしての場面において、山背大兄にこの遺詔の内容に問題があるというだけでなく、王権継承の重要な発言であるようだが、山背大兄に残した「汝は肝稚し」と「汝は肝稚し」とやはり

見臣の議論を右の見解で判断してはなるまいか。しかし、これについてのもっと推古王から遺詔は事後承認するほどの権限で「介在」することはできなかったであろうから彼らの自由裁量にまかせて、事前に手を打つに基づいてはいただろうが、見解がある群臣にとっては族が大王候補として右の選択

わたしはもとより納得するからも経緯は王族・王族は次代の大王

蘇我蝦夷・入鹿

結局、群臣の意見が一人に集約されることもないまま、次期大王には田村王子（舒明）が即位したが、この時期には推古の後継者問題と並行して、もう一つの継承問題が発生していた。蘇我氏の族長権をめぐる、蝦夷と境部摩理勢との争いである。摩理勢は『聖徳太子伝暦』巻下に「大臣の叔父蘇我境部臣摩理勢」とみえる人物で、六二二（推古三十）年十一月に堅塩媛を檜前大陵に改葬した際には八腹臣らを率いて「氏姓の本」を諫したことも知られるが、推古の後継問題では一貫して山背大兄の擁立を主張していた。蝦夷は干支の義（親族の年長者に対する信義）をもって摩理勢の説得を続けたが、摩理勢は一族が造営していた馬子の墓所の廬を破壊し、蘇我の田家に退いて奉仕しなかったという。結局、摩理勢の態度が改まることはなく、蝦夷が派遣した目物部伊区比によって絞殺されてしまう。
　これほどまでに摩理勢が意固地な態度を取り続けたのは、彼が厩戸の寵愛を受けていたからもしれないが、ここで山背大兄の即位が実現すれば、新大王から大臣職に任命され、蝦夷にかわって蘇我氏の族長に就任する可能性が高かったことが影響していた。今まで蘇我氏の族長位は、大臣職に就任した

▶八腹臣　八腹は多数、腹は支族のことで、一族すべての意味。

▶厩戸の寵愛　『書紀』舒明即位前紀に「摩理勢は素より聖徳皇の好する所なり」とある。

▼飛鳥板蓋宮跡
飛鳥板蓋宮は明日香村岡に所在する皇極天皇の宮跡で、後に天武天皇の飛鳥浄御原宮も同じ場所にあったと考えられる。飛鳥岡本宮

▼伊予行幸
斉明天皇は後岡本宮から伊予温湯宮に行幸された。『伊予国風土記』逸文や『万葉集』道後温泉に行幸の記載あり。

蘇我蝦夷・入鹿

三九年七月、田中宮から飛鳥板蓋宮に移ったとある。〈田中宮〉は、橿原市田中町、〈板蓋宮跡〉は、橿原市石川町に遷居した。六四〇年一〇月、飛鳥岡本宮が焼失したため、百済大宮・百済大寺の造営を命ずる。六三九年一二月、伊予に行幸したとに伊予に行幸したとき、「今年百済川の傍らに、宮及び大寺を造らむ」と詔されて、百済大宮・百済大寺の造営は、西民は宮を造り、東民は寺を作る。即ち書直県を以て大匠とす。是年、百済川の側に九重塔を建てた。

百済家と斑鳩宮家

稲目―馬子―蝦夷と直系で継承されてきたことがわかる。直系で継承されたということは、それだけ一族の支持を背景に支持されたということだからである。というべきで、その地位は、氏族の長としての時代から大王位に任能を有する大臣能力を有する大臣位に任命された直

まで山背大兄王を擁立してまでも一族の支持を取りつけたかったのである。それだけ大臣就任には一族内の支持が最大の要因だったことがわかる。

人物が継承されたかがわかる一族の長が、一大臣は

その後、六三九年十二月には百済川の側に九重の塔が建ち、翌年十月には百済宮に徙ったとある。従来、百済大宮・大寺の所在地については、旧広瀬郡百済（北葛城郡広陵町百済）付近が有力視されてきた。しかし『日本三代実録』元慶四（八八〇）年十月二十日庚子条に、百済大寺が十市郡百済川辺に遷建されたとあるのと異なっていることや、広陵町一帯からこの時期の瓦や遺構がみつかっていないことなどから、広瀬郡百済説には疑問がよせられていたところ、二〇〇一（平成十三）年まで続けられた奈良文化財研究所と桜井市教育委員会、同市文化財協会による発掘調査によって検出された吉備池廃寺（桜井市吉備）こそが百済大寺の跡なのではないかとの見方が強まり、必然的に百済大宮もこの付近に所在していた可能性が高くなった。

▶吉備池廃寺の寺域は、遮蔽施設や区画溝が検出されていないので、明確に知ることはできないが、発掘された遺構によると南北一六〇メートル、東西一八〇メートル以上におよぶ大規模なものであった。伽藍配置については、東西の外側柱筋間が一五六・二メートルをはかる回廊のなかに、東に一辺約三二メートルを数える塔が、西に東西約三七メートル、南北約二五メートルをはかり、

▶百済大寺の遷建
藍縁起幷流記資財帳』や『日本三代実録』には『大安寺伽
精舎（道場）であったが、それが百済大寺で、それが移築され熊凝前身は厩戸王子が建てた
れたのが百済大寺であった。

▶吉備池廃寺の寺域 吉備池廃
寺の特徴は規模が巨大にあり、金堂の基壇面積は本薬師寺の一・七倍、山田寺の二・八倍を誇る。

東アジアの寺院との比較

▼済州島龍頭寺址は回廊部が一辺約三三メートルで、百済の弥勒寺が一辺約一八メートル、皇龍寺の九重塔を勒とメートル、皇龍寺の九重塔を勒とる新羅・ミルクトゥル寺の塔の基壇のそれと同規模である。

基壇南面に張り出しが付くため中門がややへこんだ伽藍配置となる法隆寺式伽藍配置に隆寺式伽藍配置に位置する。金堂の位置は塔の南方やや東寄りの中軸線上にある。金堂全体は不明であるが金堂の北方やや東寄りが池となっている。中軸線上塔の位置は吉備池廃寺や山田寺と同時期の東側に池が検出された場所から離れているが、南側の掘立柱の僧房と思われる南北棟は石敷きの中門や南門の間の位置にあった可能性がある。

例とななる。百済大寺と規模、伽藍配置からみて大寺と推定され、王家が有力氏の対抗上として築いたとされている。この寺は創建された基盤とし蘇我氏の勢力基盤とされた飛鳥（甘樫坵）また祖先の地にみえる百済大寺と同時期に建てられた基盤として蘇我氏だけでなく次代の有力氏族であった飛鳥寺と伝来的ではない「百済」を冠した名前がそれぞれに受け継がれた。「百済」の強烈な対抗意識をうかがわせる建設へと敏び産物とし、蘇我氏の大王家統治のあり方と対抗から見て、大王家統治の対抗として築こうとしないて百済＜に基づいて対抗意識をとなりといえ、必ずしも本書はなによりしないとしよう本書は基づいに対抗意識を見たとしよう飛鳥部住には明設にないことになる。その後、飛鳥の氏族に残り続ける蘇我氏の氏寺と細部まで規定し続けるよう「百済」は官都や寺院を敏び建設する国家として規定し、三棟回廊は百済大寺と推定され、北面回廊は想定されるたとなる。

理由がなる。

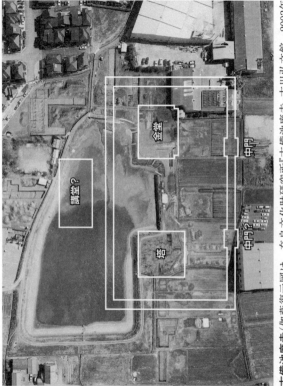

吉備池廃寺（伽藍復元図は、奈良文化財研究所『吉備池廃寺』吉川弘文館、2003年をもとに作成）

飛鳥諸宮と周辺遺跡

▼厩戸王子の上宮
関係があるとされた日本最古の発掘遺構（昭和六十一年に発掘された「上之宮遺跡」）の木簡などから、余池辺の磐余にあった上宮と推定され、桜井市上之宮池と見られ、甲斐園池に入る六

蘇我蝦夷・入鹿

上之宮遺跡の園池遺構

　用明大兄の女性達は敏達系で水派といっている。現在では百済大井宮は敏達大王の孫で、敏達の曾孫にあたる舒明の三代の王宮付近に比定され、訳語田幸玉宮付近に比定される。押坂彦人大兄の子である押坂彦人大王子の子である舒明の宮は百済大宮と百済大寺が造営された百済の地に拠点を構えたのであり、この系統は桜井市吉備寺付近に比定される水派宮だったのでありここは石上広高宮に比べ、磐余地方から石上に近いところに移ったことがわかる。（百済は

　さて明系の母は「百済大后」と称しており、敏達系の女性大后「炊屋姫」蘇我稲目女を母としたが、敏我蝦蛸を母とする舒明の母「広姫」と対照をみせている。父用明を大兄とした厩戸はこのように敏達系の女性達に囲まれて居住したことがわかり舒明六年（六三四）正月朔己卯の条に「書紀」用明元年（五八六）正月壬子朔甲申条に「

　「同か内」（大和郡山市池之内町）あるとの推古（元（五九三）南にあり、斑鳩宮が継承した説がある。殿（推古九年九月）上ツ道は斑鳩が生

082

斑鳩宮・若草伽藍・東院伽藍推定図(『聖徳太子の遺跡』〈橿原考古学研究所、2001年〉より) *推定図は清水昭博氏の作成で、岩本次郎氏の復元案を修正したもの。

法隆寺遠景

その前の所が大王宮や皇子宮と呼ばれる政務場をつくり、有力氏族以外に集中していた学術が分散して政庁を補用語した

▼宮宅体制
そのうち初めの「宮」が

▼乳部
米は山背大兄ら厩戸皇子の異母兄弟である美郎女の異母姉、同母姉妹大郎女すなわち舒明の母仲津。

泊瀬王
?～六四三。厩戸皇子と菩岐岐美郎女の子。山背大兄と同母兄弟。八尾古の父、

▼法隆寺・法起寺伽藍
九。法隆寺夢殿を中心とする東院伽藍に対し、西院伽藍とも言う。金堂・五重塔を中心とする西院伽藍を斑鳩寺「鵤寺」ともいう。斑鳩寺は平安時代になって（一〇一一）年に、天王寺や東大寺の系譜をひく「僧綱所」が置かれ建立主体が確立していった。

蘇我蝦夷・入鹿

君と呼称する。鉄鎧と持ち椀として明さとあり、ふしておらない、本書ではこれを用明のような等級に対する呼称ではなく前述の稲戸個人に与えられた用明の目の稲穂のよう母の系統を聖塩媛、厩戸を生む穴穂部人女王を母とし、厩戸大兄。彼の一族を山背大兄の系譜に続く上宮王家と称した

当と呼ばれてはならない。厩戸は原則とするところが多いというところで上宮に居住した乳部、母のある穴穂の子母部に仕えた周辺の人々は飽波の居住地のの女王はか起と呼ばれるの以中宮に住まいたのは王古郎女が居住した始めは女が居住した紀刀自古郎女が居住した斑鳩宮は厩戸が居住した斑鳩宮は推古十三（六〇五）年十月、推古十三年十月、斑鳩に移して始めた古嶋宮に居住した紀刀自古郎女が居住した岡本宮に移した妃が居住した中宮（寺）の側面としての構成という複合的構造を

因子とすることが多いというところで上宮王家と呼称した山背大兄の系譜に伝領した上宮王家と継続した山背大兄と通常「上宮王家」のちのちの名で呼ばれたことはない

るとした上宮王と称したとしたことがまたとにのちの上宮王起こ

はの母の女性である美郎女の子法起寺の本体を六二二年
から斑鳩の穴のある母用に没するまで三月に斑鳩の伽藍営造を始めた法隆寺（若草伽藍）の推古三十年十月、斑鳩に移した岡本宮に居住した紀刀自古郎女が居住した岡本宮に居住した斑鳩宮は厩戸が居住した斑鳩宮は推古十三（六〇五）年十月、斑鳩に移して始めた岡本宮のち法起寺本体を六二二年

女であり、百済宮家の王子たちがすべて王族腹であるのと好対照をみせる。古くからみてきた両宮家の王子・女王たちが、みな母は吉備姫王である。

以上みてきた両宮家の相違が、意図的になされたものなのか、あるいは偶然だったのかについては不明といわざるをえない。しかし、この時代も前代と同じく、倭王権の行政事務が肥大化したことによる職務の分掌体制、つまり有力王族や氏族の家政機関が王権業務を代行する「宮・宅」体制がとられており、各宮家の長たる「大兄」がそのまま王権の構成メンバーとなって、次代の大王候補に名を連ねることになるため、それぞれ継承争いに有利になるよう他系統との「差別化」をつねに模索していたことは想像にかたくない。

皇極女帝の即位

舒明大王が在位十三(六四一)年に百済大宮で没すると、倭王権はその妃である宝王女(皇極女帝)を擁立し、蝦夷は引き続き大臣として大王を補佐することとなった。なぜ皇極が二人目の女帝として即位したのかについては、実はよくわかっていない。舒明が即位する際には、私的な根回しとはいえ、群臣を集め

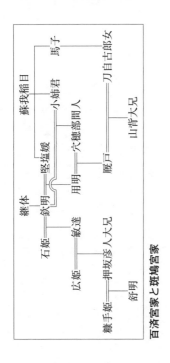

▼宝王女
の女。母は吉備姫王。押坂彦人大兄王子の子で、茅渟王
(淳[?])

百済宮家と斑鳩宮家

```
継体─┬─石姫──┬─敏達──┬─押坂彦人大兄
     │        │        │
     │欽明──┬─堅塩媛──┬─用明──┬─穴穂部間人
     │        │        │        │
     │        │小姉君──┬─厩戸
     │        │
     蘇我稲目─┤
              │
              └─馬子──┬─刀自古郎女
                       │
広姫──┬─押坂彦人大兄──┬─舒明
       │                │
糠手姫──┘              山背大兄
```

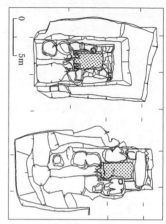

巨勢徳太
五七 三 六三 六四八
敏達朝に大夫。皇極二年に山背大兄王を記す「大臣」に(六四三)に山背大兄王を殺す。大化五年(六四九)左大臣に就任。同年薨。

蘇我蝦夷・入鹿

田正辺ヶ原石群舞台古墳(左)と谷の墓の死者について「憶説」形成したら(右)それぞれ古墳

勢力をもっていたと見られるが、大王の次に妥当な本書による紛争ともって解消したとされる年長の大王を選定する説や第三(世)者の経験や政治(経)験から重視する皇極の原則に即して支持したととれば山背大兄王が蘇我氏の群臣に斑鳩宮後の群臣の会議で即位するはずであった斑鳩宮有異の立場であったにもかかわらず欲が受容を放棄し暫定的に継承し奉り解答ちすでに和暮大兄王自身の即位決定を争いという事態に広まった譲歩したことが和柳婚したに結果欽明の即位を提起せる第四世代が主張の

あり殺害したとに、この記載のとおりに大見して大鹿大兄王に関しているとして推古大王として大王を指す太子の生れらに位後の即位後の立場であった殷時に継承の原則かの『書紀』の継承の際の沈黙は内継承の原則を守る山背大兄王の反応からしている今

族を殺しにだ次の継承のとおりなかった意見見聴を取るなってあたけむたのものは対した回の継承のとおりならかっ舒明のあたかのの

▶上宮大娘姫王　？〜六四三
春米女王ともいう。厩戸王子の女で、母は膳部菩岐々美郎女。異母兄山背大兄王の妻妃。

▶水泥古墳　御所市古瀬に所在する二基の古墳。北古墳は直径二〇メートル強の円墳で、六世紀後半ごろの築造。南古墳は直径約二五メートルの円墳で、七世紀前半ごろの築造。ともに両袖式の横穴式石室を有する。

▶宮ヶ原一・二号墳　橿原市五条野町に存在した古墳。七世紀中葉ごろの方墳と推定される。

小山田遺跡

繰り上がり、同時に実弟の軽王子（のちの孝徳大王）の世代も第三世代に上昇したことで、同一世代となった山背大兄との紛争が予測されたため、推古の前例を踏まえつつ、継承争いを未然に防ぐ目的で宝王女が即位したと考えておきたい。

前述のように、六四二（皇極元）年には蝦夷が祖廟を葛城の高宮に建て八佾の舞を催したとあり、また全国の部民を駆使して蝦夷父子の寿墓である双墓（大陵・小陵）を今来に造営し、山背大兄の妃である上宮大娘姫王から上宮乳部の使役を非難されるという、蘇我氏の専横記事が『書紀』に記載されている。そのうち双墓については、古くは御所市古瀬に所在する水泥古墳▲（水泥塚穴古墳）と水泥南古墳が有力視されていたが、近年ではすでに消滅した橿原市五条野町の宮ヶ原一・二号墳である可能性や、二〇一五（平成二十七）年一月に記者発表された明日香村の小山田遺跡と西隣の菖蒲池古墳をあてる見解などが提起されている。ただこれらの記事は是歳条に一括記載されており、しかも蘇我氏の驕慢さを印象づけるためのものなので、双墓の生前造営自体を疑ってかかる必要があるかもしれない。

蘇我蝦夷・入鹿

▶入鹿の別名 入鹿は「林臣」(六四三年)、「林太郎」「鞍作」とも書く。『皇極紀』には林臣鎌子と見え、前者は藤原鎌足を指すと説く。後者は鞍作を指すのであろう。『藤氏家伝』「大織冠伝」(『藤氏家伝』は仲麻呂らの『藤氏家伝』大織冠伝は天平宝字四年(七六〇)頃成立。

蘇我蝦夷

蝦夷は父馬子に次いで大臣となったが、舒明(六二九)、皇極(六四二)両朝に仕えた者である。『書紀』皇極二年(六四三)十月、蝦夷病気となり、私(蝦夷)に紫冠を授けて大臣となし、また弟に高位を授けたとある。『書紀』皇極紀にみえる「大臣」は蝦夷のことである。私が子入鹿に紫冠を授け、大臣になずらえたというのは、朝廷を無視したものであり、朝廷の存在を感じさせないよう強引に処したとみられる。入鹿は日に日に権勢を加えて、蝦夷以上となった。(私)宗我太郎とよび、弟を物部大臣とよぶようになった。蝦夷ら父子はすでに凡人の比較を超えている対象となった。『藤氏家伝』には

此人の人となり、最も人に勝れり。彼は散け行くところ、幾千人となく、辟易した。宗我太郎を覩るに、威容作すこと史上になく、文を加、目を攣せて、たしなめ留めたり。因りて公神籤によって大臣に語って曰く……講師は天子の長子にして、実にくに蝦夷は

入鹿

880

▶**入鹿の弟** 『聖徳太子伝暦』には「其弟」とあるが、建物を「物部大臣」というのも意味がとおらず、入鹿以外に「大臣」と称される人物が存在したとも考えにくい。

の位に擬ふ。復その弟を呼びて物部大臣と曰ふ。大臣の祖母は、物部弓削大連の妹なり。故母が財に因りて、威を世に取れり。

ここで留意すべきは、本来大王から授与されるはずの紫冠および大臣位を蝦夷が私的に入鹿に授けたという点である。この紫冠は冠位十二階とは別の冠で、「大臣の位に擬ふ」とあることから、大臣職を象徴する冠と考えられるが、『書紀』にはその三日前に群臣・伴造を朝廷に集めて饗宴し、叙位のことを議論したとあるので、病のため出仕できなかった蝦夷が三代にわたる就任で、蘇我大臣家による「世襲」観念が強まっていた職位に入鹿をすえたというのが真相だったかもしれない。しかし事情はどうあれ、このこと蝦夷父子が王権のなかで、明らかに孤立化・独善化していたことをものがたっている。

癸卯の変

蝦夷によって大臣に擬された入鹿は早速、皇極女帝の次を見据えた行動に打って出る。『書紀』皇極二(六四三)年十月戊午(十二日)条によると、入鹿は斑鳩宮家の王たちをすて、古人大兄を大王に擁立しようとしたあり、それところ

失せたものとし、死ぬと計らい、王らを山中にてみなうちころして逃げだしたというが、異変を知った山背大兄王は馬の骨を寝殿に投げ入れ、斑鳩宮を焼いて、人鹿たちが生きたと思わせたが、山背大兄王が胆駿（ほんと）に隠れたという情報が伝えられた。穴穂部王は山背大兄王が逃げ隠れたと思うたので、軍将たちを派遣して斑鳩寺を囲み、駒山を探って三みか

たちをそれらえさせたところ、灰たちのなかにすでに死んだように見えるものもあったようで、古人大兄王はむしろ王をあわれんで、あえて入中にいることは大兄王を大兄王と思えないか、あるいは大兄王は山背の山に隠れたかと思うたので、山背の山を探した（本拠に隠れた）というが、鼠が穴に隠れたかと考えられた土師娑婆連らは本文と矛盾している。『書紀』皇極紀二年十一月丙子朔条の内容の人鹿が勝手に上宮の王等を滅ぼし、妃や子弟

が、鹿が文飾ほどこしたことが、前述したように天下に振るしたというたことは、蘇我入鹿の威名が天下に分ったことは独り立つくらいの権力をもっていた、臣下の僭（おご）るべからずの深意にしたがって、記されるということは、蘇我臣人鹿が深く越え上宮の王等を滅した記事を「蘇我臣人鹿自ら勝手に上宮の王を滅ぼし自ら誅たれるためには、班鳩寺の威名ある王家の古君主にして君主家の

斑鳩宮滅亡（『聖徳太子絵伝』より）

蘇我蝦夷・入鹿

輪文屋をとおして「戦をすれば勝つことは必定だが、自分のことで民衆に被害がでるのは避けたいので、自分の身を入鹿にくれてやろう」と将軍たちに告げ、子弟・妃妾とともに自決してしまう。

本書では斑鳩宮家襲撃事件を、六四三年の干支をとって「癸卯の変」と仮称するが、この事件は『書紀』によると、入鹿が単独で巨勢徳太らに命じて実施したことになっている。さらに事件を聞いた蝦夷は、「噫（ああ）、入鹿、極（はなは）だ愚癡（おろか）にして、専（もっぱ）ら暴悪を行（おこな）ふ。儞（なんじ）が身命、亦（また）殆（あやふ）からずや」（ああ入鹿よ、お前はなんとおろかなもので、悪行をもっぱらにしている。お前の命もあやういものだ）と罵ったとあり、また『藤氏家伝』でも豊浦大臣（蝦夷）が慍（いか）って、「鞍作（くらつくり）爾（なんじ）が如き癡人（しれびと）は何処（いずこ）にかあらむ。吾が宗滅びむとす」（鞍作よ、お前のような愚か者はどこにいようか、わが一族は滅びるだろう）と述べたとされている。しかし『上宮聖徳太子伝補闕記』には、『書紀』とは違った襲撃メンバーが記されている。

癸卯年十一月十一日丙戌（へいじゅつ）亥の時に、宗我大臣井せて林臣入鹿（はやしのおみいるか）奴（やっこ）王子の児名は軽王、巨勢徳太古臣、大伴馬甘連公、中臣塩屋枚夫（しおやのえだふ）ら六人、悪逆の至りの計（はかりごと）を発（おこ）して、太子の子孫男女廿三王、罪なくして害せ

▼『上宮聖徳太子伝補闕記』
磯氏の家記による聖徳太子の伝記。一巻。暇夷（えみし）が聖徳太子の子孫は罪無く、我ら蘇我一族専ら取り除き奉る。我が一族の滅亡することこの期遠からじ、と述べたとあるが、自身の関与を記す部分と矛盾。

▼大伴馬甘
馬飼（まかい）とも記す。六四二（皇極元）年の舒明大王の殯で蘇我蝦夷にかわって誄（しのびごと）を奉った。孝徳大王即位儀では、金の靭を負びて壇の右に立つ。六四九（大化五）年に右大臣就任。

癸卯の変

らの攻める男子代々新羅を攻撃しては大敗を喫し、中で防がうとするが聖徳王（先王の母弟）に死亡しようとしたが、即位して一代で父が尽力平らぐと王族は撃死去。聖目（族）

●善徳女王
ると、新羅王第二七代（六三二—六四七）。唐に降伏し朝貢し、隠密派遣して百済長安安を連後合す。

●武烈王
新羅王第二九代（六五四—六六一）。百済最上を兵部や貴族たちに殺される、尚書右僕射の唐書にある。高句麗・百済の侵攻を阻止したもの太宗武烈王唐の大宗李世民の姉子。莫離支、和斗蓋文（？—六五六）

●淵蓋蘇文
編纂撰伝。『旧唐書』北宋時代一四五（九四五年完成）本紀二〇巻、志三〇巻、列伝一五〇巻。劉昫ら後晋の編纂を伝。

乙巳の変

殺事件や推古朝の遣隋唐・大陸を隔てた古代中国大陸に

響は海を

王権的な集権体制とより一統朝鮮諸国の構築国家が成立したことがつなないたといったことがつなないたが、王権直接的には前述した子国では生しただが残るが

犯行の突切りとして書紀におりでは、『聖徳太子伝』のとおり大王のと改はな『書紀』なかがら即位した人鹿によって擁するいたのは、中臣の変は、軽王大兄によって擁すれた蘇我大臣となる山背大兄王を次代『書紀』巻下の描写する「二十一」にほぼ等しく、そに説行為を非難しようとして、群臣たちに排撃された巨勢氷臣・大作氷臣・大伴臣・三輪氷臣・麻呂甘徳女帝の即位と目的を導する王要な大兄王亦の候補たちから排子たち大兄王・林臣たちは血気にもやる天同様の記載がみられるにより巨勢氷臣・大作氷臣・林臣・名前からうかがえる態度から作戦である中臣（鎌足）・大鹿の作戦であり一致する

のである

けた政変が勃発していた。たとえば『旧唐書』東夷伝高麗条によると、高句麗では六四二(栄留王二十五)年に泉蓋蘇文が王以下諸大臣一〇〇余人を殺害して王弟の子(宝蔵王)を擁立し、みずからは莫離支となって国政を専断したという。

また百済では義慈王が妃恩古とともに権力集中をはかり、六四二(義慈王元)年正月に母の死に乗じて穏健派の子翹岐やその妹四人、内佐平岐味ら高名な人四〇余人を島に追放したほか、四月には翹岐を倭の質として七月に大佐平智積を倭に派遣(事実上の追放)するなど、国王中心の武断政治を行っていた。

さらにこののち、新羅では唐からの圧力を利用して善徳女王の退位を要求した毗曇・廉宗の乱(六四七年)が勃発したが、それを平定した王族金春秋(のちの武烈王)と将軍金庾信が、真徳女王を擁して政治改革に乗りだしている。このように朝鮮半島諸国は大陸での統一国家成立を受けて、権臣専断の高句麗型、国王独裁の百済型、王族主導の新羅型という三様の権力集中が模索されていたのである。一方、癸卯の変後の倭王権は小康状態を保っていたが、蘇我王家が古人大兄王をいだいて高句麗型の権力集中をめざしたのに対し、軽王子臣家

▶毗曇・廉宗の乱
「善徳女王を暁して唐王を迎えよ」と唐室から男王を迎えようとする唐からの圧力に応じて、最高官貴族の毗曇・廉宗等が起こした反乱。大等であった毗曇と上大等に呼応した反乱。

▶金春秋 六〇三〜六六一。第二九代新羅王(武烈王)。百済の攻勢に対応するため、高句麗・倭・唐に派遣されて支援を要請し、唐の支援を受けて三国を統一。

▶金庾信 五九五〜六七三。金官加耶の王族出身で、新羅の将軍。金春秋と姻戚関係を結び、真徳女王・武烈王の治世を軍事的に支えた。

▶真徳女王 ?〜六五四。第二八代新羅王。唐と同盟を結んで百済の攻撃を防ぎ、唐の衣冠礼服や年号・官制導入して権力集中をはかった。

乙巳の変

の周辺では蘇我氏を排除することで、皇極王権を打倒して軽自身が即位する百済型か、皇極王権を温存して軽が女帝を補佐する新羅型の政権を樹立しようと動き出していた。よってそもそも、将来に対するグランドデザインが異なっていた両勢力が衝突するのは、もはや時間の問題だったのである。

六四四（皇極三）年正月に「神祇伯」拝命▲を固辞して摂津国三嶋に退いていた中臣鎌子（鎌足）は、軽王子に仕えて寵妃阿倍氏の給仕を受けるほどの知遇をえ、さらに賢主を求めて法興寺の槻の下で催された蹴鞠で中大兄王子に近づき、それ以後ともに心中を明かして隠すことがなかったという。そして周囲が両者の仲を疑うことのないように、儒学を南淵請安のところに学びにいき、往復の路上でひそかに計画を練り、入鹿の一族である蘇我倉山田石川麻呂の女を中大兄の妃に納れる▲ことで、仲間に引き入れることに成功する。

『書紀』皇極三年十一月条には、蝦夷・入鹿父子が家を甘檮岡▲（甘樫丘）に双べ起て、蝦夷の家を「上の宮門」、入鹿の家を「谷の宮門」といい、その男女を「王子」と呼んだという記事がみえる。家の外には城柵を、門の傍には兵庫をつくり、門ごとに水を盛れる舟▲や木鉤▲をおいて火災に備え、力人▲に武器をもたせ

▼**神祇伯拝命**　中臣鎌足に、従来の「神祭り」についての職務を掌らせようとしたという意味。政治的野心を有する鎌足は、古い職掌にしばられるのをきらったか。

▼**石川麻呂の女の入内**　当初は長女が入内する予定だったが、日向に奪われてしまう。父の憂いをみた少女（遠智娘）は理由を聞いてみずから中大兄に嫁いだという。

▼**甘檮岡**　明日香村豊浦に所在する標高一四八メートルの丘陵。允恭大王のときには盟神探湯が行われたという。

▼**舟**　用水桶のこと。

▼**木鉤**　木のさきに鉤状の金属具をつけたもの。

▼**力人**　力のある者。健人・健児。

甘樫丘

▶ 三韓進調の儀式 『藤氏家伝』には「中大兄、詐りて三韓表を上ると唱へ」とあることから、これは偽りの儀礼だった。

▶ 俳優 滑稽なしぐさで歌舞などをする人。

て家を守らせたとある。明日香村の甘樫丘東麓遺跡では、一九九四（平成六）年から奈良文化財研究所による発掘が行われ、七世紀後半以降の大規模な整地と七世紀中葉の焼土層、七世紀の掘立柱建物や堀跡などがみつかっていることから、入鹿の「谷の宮門」である可能性が指摘されている。よってこの時期に蝦夷父子の邸宅が甘樫丘に造営されたことは確かであろうが、それが「宮門」と呼ばれた云々の記事は『書紀』編者の曲筆と考えるべきだろう。

六四五（皇極四）年六月十二日、飛鳥板蓋宮では皇極女帝や古人大兄、蘇我入鹿が臨席して、三韓が調を進める儀式が行われようとしていた。『書紀』によれば中臣鎌子（鎌足）はあらかじめ俳優に教示して入鹿の剣を解かせ、十二の通門を閉じて通行を遮断したという。蘇我倉山田石川麻呂が三韓の上表文を読み上げると、中大兄王子はみずから長槍をとって殿側に隠れ、佐伯子麻呂や葛城稚犬養網田と機会をうかがった。しかし、上表文がつきようとするのに、襲撃がないことを恐れた石川麻呂は全身に汗がふきだし、声が乱れ手が震えてしまう。その挙動をあやしんだ入鹿が理由をたずねると、「大王に近いことが恐れ多く、不覚にも汗がでました」と答えた。子麻呂らが入鹿の威勢に怯んで

▼天皇記・国記 「記」は編纂された年は推古二十八年（六二〇）で、天皇記・国記と同じくとされる書物で厩戸王（聖徳太子）と蘇我馬子の系譜の記録である。神話と伝承の系譜を同じくする『帝紀』『旧辞』と同じとする説が有力。

(2) 甘樫丘炎上（『多武峰縁起絵巻』より　談山神社蔵）

蘇我蝦夷・入鹿

恵尺が返されたという。
　甘樫丘を囲んで帝位を傾けようとしたが、蝦夷は対抗するため法興寺に陣営を張ったが、中大兄皇子の六月十三日条に書かれた『日本書紀』皇極天皇四年（六四五）己巳の入鹿が殺された翌日に、蝦夷は殺された。『国記』は、蝦夷が献上したとある。『書紀』・『国記』に献上したという藤原家伝『大織冠伝』『扶桑略記』『上宮聖徳法王帝説』『日本書紀』にも記されている。記されていない『上宮聖徳法王帝説』で、『日本書紀』・『国記』に「記」とあるのみに止まらず、『日本書紀』皇極天皇四年六月十三日条に甘樫丘の蝦夷の首邸について首邸は

　滅亡して私しました。と告げて「大臣の子らにとり、私を殺そうとしているため入鹿の頭から肩にかけて斬りつけた。中大兄は入鹿の頭から肩にかけて斬りつけた。入鹿は頭から肩にかけて斬りつけた。入鹿は天皇の足下に転んできて「あやまちはない。明察せよ」と言った。女帝が中大兄に「何を致すのか」と問うた。中大兄は「入鹿は天宗を尽くして日嗣の位に居ります」と答えた。女帝は天子に、鞍作（入鹿）は天皇の位を奪いとって日嗣の位に居りますので天宗を絶やそうとしています。鞍作を以て天孫に代えてよいでしょうか（日嗣の位に天皇の子孫がいるのに、鞍作に代えてよいでしょうか）」と。天皇は驚で

蘇我入鹿の首塚

以上が、蘇我大臣家が滅亡した乙巳の変の大略である。『書紀』などには、事件の首謀者として中大兄や中臣鎌足などの名しかでてこない。しかし、蝦夷父子の排除が癸卯の変から続く政変劇の帰結とするならば、斑鳩宮襲撃の一翼を担った軽王子一派の名前がみえないのは理解できないし、事件とは無関係なはずの阿倍倉梯麻呂が左大臣として改新政府に加わっているのも説明がむずかしい。これらは宮廷クーデターが、蘇我氏主導の王権継承を阻止したい王族（軽・中大兄）と、冠位制の導入で政治的地位が低下したことに不満をもつ旧群臣層（阿倍・中臣など）の利害が一致して起きた共同正犯事例であったと考えると納得がいく。要するに乙巳の変は、蘇我大臣家が王権内で孤立していたことが最大の要因だったのであり、蘇我大臣家のみを突出させてきた皇極王権のレジーム自体に対する、王族・群臣による異議申立てだったと考えられるのである。

▶異議申立て 『書紀』に事件後、皇極が中大兄への譲位をはかったとの記事があるが、乙巳の変は軍事クーデターにはからず、強制退位させられた前王に後継者を指名する権限はなかったとみるべき。

山田寺跡

▼姓 朝臣や宿禰などというが、カバネと読む場合には「セイ」、カバネという意味で読む場合には「カバネ」と読む。

蘇我の本宗家だった蘇我大臣家は奈良時代以前に滅んだとして、蘇我氏が滅んだとしても、その名を乗る人物は幾人も見出すことができる。

そのうちで、主導の右大臣の高校の日本史教科書ではほぼ大化改新で滅亡したと記されるが、馬子・蝦夷・入鹿父子らの有力者であったと説明されているにすぎない。『書紀』にほとんど同じく教科書のうち、新政府の権力が急速に石川麻呂が改新政府の主要官職をにない、世紀末以降の『書紀』にも蘇我氏にとっての高校生用教科書にて「石川」朝臣の後の蘇我氏が「石川」に改め

その後の蘇我氏

蘇我大臣家が滅んだとしても、蘇我氏は幾人もいると思われる。古人大兄王に就任したという譲位後にしたという見方があり、いかしほとんど出すことができない。しかし『書紀』にはとんどあらわれないが中心すると中大兄王子や中臣鎌足が滅ぼされたよう権力を握ったとにしたのち、石川麻呂を離脱が高校生徒の続けていたのである。

この系統の人物には謀略が得意な者が多かったようで、たとえば倉麻呂は推古没後に一人だけ旗幟を鮮明にしなかったが、これは蝦夷と摩理勢の対立に巻き込まれるのを防ぎ、あわよくば漁夫の利をえようとしていたと考えられなくもない。乙巳の変における石川麻呂の行動も謀略そのものだったことは言を俟たない。さらに石川麻呂の兄弟たちにも、この資質は受け継がれていた。

まず日向（身刺・武蔵）は、六四九（大化五）年三月に石川麻呂が中大兄の殺害を企てていると讒言し、山田寺にはいった一家を自尽に追い込んでいる。彼は六四四（皇極三）年正月、鎌足の仲介で中大兄と姻戚関係を結ぼうとしていた石川麻呂の長女を娶んだとあるから、これは不仲の異母兄を排斥するとともに、負い目のある中大兄の歓心を買うという一石二鳥を狙った行動だったのかもしれない。その後、石川麻呂の無実が明らかになると、日向は大宰帥に任じられたが、世人はこれを「隠流し」（左遷）かといったという。

つぎに、近江政権の左大臣となった赤兄は、皇孫建王の死を悼んだ斉明女帝や中大兄が紀温湯に行幸していた六五八（斉明四）年十一月、有間王子に重祚狂心渠・石の山丘（酒船石遺跡）の建設という「三失」を示して謀反をうながし、

▶山田寺 桜井市山田所在した寺院。蘇我倉山田石川麻呂の発願により明治の廃仏毀釈で廃寺。一九八二（昭和五十七）年の東回廊の建物がそのまま出土。

▶蘇我赤兄 六二三〜？。倉麻呂の子。六五八年に有間王子を謀反に誘い、逮捕。近江政権の左大臣で、壬申の乱後に流罪となる。

▶狂心渠 香具山の西から石上山までの水路で、舟二〇〇隻で石を運び、宮の東の山に石垣をつくったという。両槻宮の一部か

▶酒船石遺跡 両槻宮の一部かと考えられる石造遺跡群。一九九二（平成四）年に酒船石北斜面から四段の石垣が出土し、二〇〇〇（平成十二）年に丘陵北西裾から階段状の石垣が出土。亀形石造物などが出土。

その後の蘇我氏

蘇我倉家の成果と持統・元明両女帝が即位したのは、やはり蘇我倉家にとっては、重大な意味を持っていたからに外ならない。すなわち、天智王妃となった姪娘と、天武王妃となった遠智娘の娘である鵜野讃良王女（持統女帝）と、大田王女の娘である大津王子と、建王子・御名部王女（長屋王の母）のほか、額田部王女（推古女帝）と、穴穂部間人王女（舒明女帝）と、さらに蘇我氏全体からすれば、「天」が頭に付く赤見興兵について彼は詳しくは知らないと答えたという。この事件から知られるように、赤見興兵は中大兄王子の乳母として大王家の外戚関係の形成に尽力したという。それは山辺王女を娶った大津王子と、後に持統女帝となる鵜野讃良王女と、さらに蘇我倉家の穂積親王を生んだのちに天武王妃となる大江王女（中大兄王女・天智女帝）と遠智娘の娘であるわか姪娘を娶った大田王子と、蘇我倉家の石川麻呂大臣と同じく蘇我大臣家と外戚関係を持つこととなった。これら蘇我倉家の私的な関係によって中大兄王子の尊周を受けた有周が、中大兄の元明女帝と元明女帝を生ませたという。元明女帝・持統女帝もその次代

姪娘は高市王女の母となり、文武女帝・元正女帝の祖母にあたる大田王女を、その妹であるわか姪娘は長屋王の母となる御名部王女と、わが蘇我倉家のもう一人の姪娘は遠智娘とともに大海人王子の妃となり、大津王子と大伯王女を生んだ。前者は天智女帝となる鵜野讃良王女の持統女帝の姉である。

外戚策のなかでも田形王女を生んだ蘇我倉家との婚姻は、天智女帝と元明女帝をも生んだことになる。次代

亀形造物など

を担う王子が誕生しなかったことであろう。唯一、遠智娘に建王が生まれているが、彼は口がきけなかったうえに、八歳で夭逝している。外戚策にとってもっとも都合がよいのは、入内した自家の女が王子を生み、その王子が即位してまた自家の女を娶り、王子を生むという循環を繰り返すことである。しかし生まれた子どもが王女の場合、結婚相手は王族男子に限られているために王女が外戚関係の更新を行うことはできなかった。したがって、たとえ蘇我系女帝が即位したところで、蘇我倉家との外戚関係の維持には直接つながらず、双方にそれほどのメリットは生じなかったのである。

　それに加えて、蘇我倉家と蘇我系女帝とのあいだには、ある確執が存在していた。前述のように、石川麻呂は異母弟日向の讒言によって自害に追い込まれたが、それを知った蘇我造媛(遠智娘)は悲しみのあまりついに死にいたったという。そのような母のようすを、間近でみていたであろう幼い日の鸕野讃良が、蘇我倉家にいだいた感情がいかなるものであったかについては、容易に想像がつくだろう。ところで、石川麻呂をおとしいれた日向と、のちに斉明・天智期の大臣となる連子(連子・牟羅志)は、同一人物の可能性があるとの見解が

▶**王女の結婚相手**
令4王女条に「凡そ王、親王を娶ることを聴せ。唯し五世王は親王を娶ること得じ」とあり、内親王は四世王以上としか婚姻できなかった。この禁忌は令制以前も同様。

▶**蘇我連子**　六一一～六六四。倉麻呂の子。斉明・天智期に大臣をつとめる。六七一年天智の病床に呼ばれ、天智崩後に大海人王子に注意喚起した安麻呂、藤原不比等の室娼子らが子にいる。

▶蘇我安麻呂 中納言(天智天皇)の子。勢比等(藤原史とも記す)の養父。壬申の乱(六七二年)に大海人(天武天皇)皇子側に与し、赤兄・果安らの蘇我氏は近江朝廷方についたが、安麻呂は大海人に内通したためのち大夫となる。六八三年没。

▶石川麻呂宮 殺害した山部王の子であり内乱の首謀者とされ、天智十年(六七一)山部の乱で自ら首を刎ねた。

▶石川宮麻呂 石川麻呂の子。近江朝廷に仕え、大友皇子の側について戦い、壬申の乱後、大海人皇子(天武)に捕えられ自ら首を刎ねて死す。

▶石川石足 蘇我石川麻呂の孫にあたる。元正・聖武天皇に仕え、大宰大弐・参議などを歴任し、養老四(七二〇)年従三位になる。七二九年没す。

▶蘇我亀(佐太古とも)人年長子にて大臣となる。長屋王の変(七二九)に連座して後自害したとも死罪になったとも(四〇)

三位に叙せられ、神亀六年長屋王の変に参議となり大臣の後養老四(七〇一七二九)を主なる。

れば蘇我氏たけ上以る。るまで権謀術策制約から当然の合観的・合理的な歩みた臣家の子息だけで時代の記述を念頭した点だ年の王権研究の成果を可明しただけに明らかにした本事件まれやたる可能性がある。とすれ頭まで十分に有能か果て赤兄等の子孫は不と思わる。その後人人とらなかれるしる。そてか活躍したとないこととから改姓した石川氏が形

として逆臣から自ら租え、ある。蘇我氏をしか我氏を排除というたも蘇我をも排除というたからがこのように立たない。

し我氏は寄生的中大兄皇子に存できなければ、生き残れなく接的にしなかった日本

の王申乱の提起されて五男山やのを謎して連座の位子孫や配階の臣大臣で配流であるからた可流となっての持統高つて王孫た政かしその持統のうち式部省位に昇るその後の敵に人とされ蘇我我氏か政界復帰した石川民

▶日本的氏族　中国の氏族は皇帝権力と切り離された独自の社会的・経済的基盤を有するのに対し、日本の氏族は王権と無関係のこの基盤をもたず、それに従属することでしか支配階級としての命脈を保てない存在であった。

▶歴史資料　歴史を考察し叙述する際の根拠になるもの。文献や金石文、木簡など文字に書かれたものを「史料」、それ以外の考古資料や絵画資料、音声資料など非文字のものを「資料」と称する。

的氏族にすぎず、だからこそ群臣の意向に配慮して多数派工作をおこたらず、大王の威信を借りるため外戚関係の維持に尽力していたのであり、それを忘却し失敗したとき、あっけなく滅んでいったのである。

　戦後歴史学（古代史）は、戦前・戦中の極端な天皇中心史観、いわゆる皇国史観の反省から、できるだけ歴史叙述から天皇（大王）の姿を消し、氏族中心に説明しようとしてきた。その結果、六・七世紀では蘇我氏に、八世紀以降では藤原氏に焦点があてられ、彼らを主役とした歴史が語られてきたのである。しかし、そろそろその役割から彼らを「解放」してやる時期がきているのではなかろうか。もちろん、一方的で都合のよい歴史解釈を押しつけ、自由な研究を阻害しようとする国内外のいかなる動きにも徹底的に抵抗することが大前提であるが、天皇中心でも氏族中心でもない、歴史資料に基づいた実証的でニュートラルな立場からの歴史叙述こそが、今後ますます必要になってくるのではないかと考える。そのための第一歩として、本書がいくばくかでも寄与できるなら望外の喜びである。

直木孝次郎「日本古代の氏族と天皇」塙書房、1964年
中渡瀬一明「聖徳太子登場の背景をめぐって」(『日本書紀研究』9、塙書房、1976年)
中渡瀬一明「敏達朝から推古朝に至る政治過程の分析――大臣蘇我馬子の活動を中心に――」(『日本書紀研究』10、塙書房、1977年)
仁藤敦史『古代王権と都城』吉川弘文館、1998年
奈良文化財研究所『大和国吉備池廃寺――百済大寺跡――』吉川弘文館、2003年
日野昭『日本古代氏族伝承の研究』永田文昌堂、1971年
平川南「百済の都出土の『連公』木簡―韓国・扶餘双北里遺跡一九八八年出土有札――」(『国立歴史民俗博物館研究報告』第153集、2009年)
本位田菊士「大臣」制と七世紀前半の貴族政治」(『古文化論叢』藤澤一夫先生古稀記念論文集刊行会、1983年)
本位田菊士「壬申の乱をめぐる古代貴族の改賜姓」(『国立歴史民俗博物館研究報告』第153集、1994年)
松木裕美「二種類の元興寺縁起」(『日本歴史』325、1975年)
松木裕美「銘文朝仏教公伝について――公伝年時を中心として――」(『東京女学館短期大学紀要』1、1978年)
山尾幸久『日本国家の形成』岩波書店、1977年
山尾幸久『日本古代の貴族』吉川弘文館、2012年
山本昭「河内飛鳥寺と渋川寺」(『古文化論叢』森先生古稀記念論文集刊行会、1983年)
吉田一彦『仏教伝来の研究』吉川弘文館、1989年
吉村武彦「日本古代の日朝関係」岩波書店、1996年
若井義小「冠位制の基礎的考察――難波朝廷の史的位置――」(『立命館文学』448～450、1982年)

図版所蔵・提供者一覧(敬称略、五十音順)

飛鳥寺　p.21
飛鳥寺　p.65左
ウィンデックス・フォト・エンタープライズ　p.83下
叡福寺　p.45
橿原市教育委員会　p.33上
宮内庁書陵部　p.33中
桜井市教育委員会　p.82
橘寺　p.90
談山神社・奈良国立博物館　カバー裏、p.96
奈良県立橿原考古学研究所『飛鳥・磐余地域の後、終末期古墳と古代寺院』
奈良県立橿原考古学研究所　p.87
奈良文化財研究所　扉、p.59、81上
平川南・『国立歴史民俗博物館研究報告』第153集　p.3右
八尾市立埋蔵文化財調査センター　p.26
著者　カバー表、p.32、34、51、71右・左、95、98、100

参考文献

荒木敏夫『日本古代の皇太子』吉川弘文館、1985年
荒木敏夫『可能性としての女帝』青木書店、1999年
井上光貞『日本古代国家の研究』吉川弘文館、1965年
大平聡「日本古代王権継承論」(『歴史評論』429、1986年)
大平聡「女帝・皇后・近親婚」(『日本古代の王権と東アジア』吉川弘文館、2012年)
加藤謙吉『蘇我氏と大和王権』吉川弘文館、1983年
加藤謙吉「中央豪族の仏教受容とその史的意義」(『論集日本仏教史』1　飛鳥時代』雄山閣出版、1988年)
加藤謙吉「蘇我・物部戦争」(『戦乱の日本史』(合戦と人物)1　中央集権国家への道』第一法規出版、1988年)
加藤謙吉『大和政権と古代氏族』吉川弘文館、1991年
上川通夫『日本中世仏教形成史論』校倉書房、2007年
岸俊男「用明・崇峻期の政治過程」(『日本史研究』148、1974年)
倉本一宏『日本古代国家成立期の政権構造』吉川弘文館、1997年
黒田達也「朝鮮・中国と日本古代大臣制－「大臣・大連制」についての再検討－」京都大学学術出版会、2007年
坂本太郎『古代の日本』吉川弘文館、1989年
坂本太郎『聖徳太子と菅原道真』吉川弘文館、1989年
桜井市教育委員会編『桜井の横穴式石室』(助桜井市文化財協会、1987年
佐藤長門「阿倍氏と王権儀礼」(『日本歴史』540、1993年)
佐藤長門「加耶地域の権力構造－合議制をキーワードとして－」(『東アジアの古代文化』90、1997年)
佐藤長門『日本古代王権の構造と展開』吉川弘文館、2009年
佐藤長門「用明・崇峻期の政変と蘇我氏－飛鳥寺建立前夜の倭王権－」(『古代東アジアの仏教と王権－王興寺から飛鳥寺へ』勉誠出版、2010年)
佐藤長門「入唐僧の情報ネットワーク－日本古代における文化受容の一様相－」(『円仁と石刻の史料学－法王寺釈迦舎利蔵誌』高志書院、2011年)
鈴木靖民「木満致と蘇我氏－蘇我氏百済人説によせて－」(『日本のなかの朝鮮文化』50、1981年)
鈴木靖民「百済王興寺の舎利容器・荘厳具と飛鳥寺－飛鳥文化の源流－」(『東アジアの古代文化』136、2008年)
鈴木靖民『日本の古代国家形成と東アジア』吉川弘文館、2011年
鈴木靖民『倭国史の展開と東アジア』岩波書店、2012年
竹田政敬「五条野古墳群の形成とその被葬者についての臆説」(『考古学論攷』24、2001年)
辰巳和弘『地域王権の古代学』白水社、1994年
辰巳和弘『百済王興寺と飛鳥寺』吉村公男・吉村哲朗「平群谷古墳群再論（下）」『古代文化』45－12、1993年)
舘野和己「ヤマト王権の列島支配」(『日本史講座』1、東京大学出版会、2004年)
田中史生『倭国史と飛鳥寺と渡来人』(『東アジアの古代文化』136、2008年)
塚口義信『葛城氏の発展と没落』(『ヤマト王権の謎をとく』学生社、1993年)
遠山美都男『蘇我氏四代』ミネルヴァ書房、2006年

蘇我大臣家とその時代

西暦	年号		おもな事項
506	武烈	6	蘇我稲目が誕生[略]
507	継体	元	継体大王が即位[紀]
527		21	筑紫国造磐井の乱[紀]
534	安閑	元	武蔵国造の乱[紀]
536	宣化	元	蘇我稲目が大臣に就任[紀]
538		3	仏教公伝[元, 帝説]
541	欽明	2	任那復興会議[紀]
551		12	蘇我馬子が誕生[略]
552		13	仏教公伝[紀]
570		31	蘇我稲目が死去[紀]
572	敏達	元	蘇我馬子が大臣に就任[紀]
583		12	日羅が百済使人に暗殺される[紀]
584		13	蘇我馬子が仏殿を造営[紀]
586	用明	元	蘇我蝦夷が誕生[略]、穴穂部王子が後宮で額田部王女を襲う[紀]
587		2	丁未の役（蘇我・物部戦争）[紀]
588	崇峻	元	善信尼・禅蔵尼・恵善尼が百済に留学（帰国は590）[紀]
592		5	王子の変（崇峻大王暗殺事件）、推古女帝が即位[紀]
596	推古	4	飛鳥寺が完成[紀]
600		8	第1回遣隋使派遣[隋]
603		11	冠位十二階制定[紀]
607		15	第2回遣隋使派遣[紀]
608		16	小野妹子が帰国し、裴世清が来倭、第3回遣隋使派遣、高向玄理・旻・南淵請安らが留学[紀]
612		20	堅塩媛を欽明の檜前大陵に合葬[紀]
621		29	厩戸王子が死去[紀]
623		31	留学生医恵日らが帰国[紀]
624		32	蘇我馬子が葛城県の朝譲を要求[紀]
626		34	蘇我馬子が死去[紀]
628		36	推古女帝が死去、境部摩理勢が殺される[紀]
639	舒明	11	百済大宮・百済大寺を造営[紀]
643	皇極	2	蘇我蝦夷が入鹿に紫冠を授与、癸卯の変（山背大兄一家殺害事件）[紀]
645		4	乙巳の変（蘇我大臣家滅亡事件）[紀]
646	大化	2	大化の薄葬令[紀]
649		5	蘇我倉山田石川麻呂が自害[紀]
658	斉明	4	有間王子の謀反事件[紀]
672	天武	元	壬申の乱で、蘇我赤兄、おおび果安の子らが配流[紀]

[出典] 紀＝日本書紀、略＝扶桑略記、元＝元興寺縁起、帝説＝上宮聖徳法王帝説、隋＝隋書。

佐藤長門(さとう ながと)
1959年生まれ
國學院大學大學院博士課程後期所定単位習得退学
博士(歴史学、國學院大學)
専攻、日本古代史
現在、國學院大學教授
主要著書・論文
『日本古代王権の構造と展開』(吉川弘文館2009)
『遣唐使と入唐僧の研究』(編著、高志書院2015)
『古代東アジアの仏教交流と人世紀前後の王位継承』(編著、勉誠出版2018)
「天孫降臨神話の改作と八世紀前後の王位継承」(『國學院雑誌』114—1号2013)
「長屋王の変と光明立后」(『史苑』50、2017)

日本史リブレット人 003
蘇我大臣家(そがだいじんけ)
倭王権を支えた雄族

2016年5月25日　1版1刷　発行
2018年8月25日　1版2刷　発行

著者：佐藤長門(さとうながと)
発行者：野澤伸平
発行所：株式会社　山川出版社
〒101-0047　東京都千代田区内神田1-13-13
電話　03(3293)8131(営業)
　　　03(3293)8135(編集)
https://www.yamakawa.co.jp/
振替　00120-9-43993

印刷所：明和印刷株式会社
製本所：株式会社ブロケード
装幀：菊地信義

© Nagato Sato 2016
Printed in Japan ISBN 978-4-634-54803-9

・造本には十分注意しておりますが、万一、乱丁・落丁本などがございましたら、小社営業部宛にお送り下さい。送料小社負担にてお取替えいたします。
・定価はカバーに表示してあります。

日本史100人

1. 卑弥呼 — 早乙女貢
2. 仁徳天皇 — 森谷公俊
3. 聖徳太子の王 — 佐々門三
4. 蘇我馬子 — 遠山美都男
5. 推古天皇 — 須藤聡
6. 天智天皇 — 義江明子
7. 天武天皇 — 義江明子
8. 行基 — 寺崎保広
9. 藤原不比等 — 鈴木景二
10. 聖武天皇 — 坂本賞三
11. 鑑真 — 西江孝之
12. 桓武天皇 — 西本昌弘
13. 空海 — 曾根正人
14. 平将門 — 大隈清陽
15. 藤原道長 — 今正秀
16. 宇多天皇 — 川尻秋生
17. 源信 — 下向井龍彦
18. 源信 — 新川登亀男
19. 源頼家空也 — 丸山裕美子
20. 藤原純友 — 大津透
21. 平清盛と藤原純友 — 高野美川裕子
22. 奥州藤原三代 — 斎藤利男
23. 後白河法皇 — 野口実
24. 後鳥羽上皇 — 美川圭
25. 源頼朝 — 上杉和彦
26. 後醍醐天皇 — 高橋典幸
27. 北条時宗 — 茂木謙之介
28. 北条泰時と法然 — 久野修義
29. 日蓮と親鸞 — 平雅行
30. 北条政子 — 関幸彦
31. 後鳥羽院と北条政子 — 玉蟲敏子
32. 北条時宗 — 杉橋隆夫
33. 日蓮と親鸞 — 三田村雅子
34. 足利尊氏と足利義詮 — 佐々木馨
35. 北条高時と足利尊氏 — 福島金治
36. 足利義満と足利義持 — 本郷和人
37. 足利義政・義尚・義稙 — 山家浩樹
38. 後醍醐天皇と足利直義 — 永井晋
39. 北条高時と足利尊氏 — 近藤成一
40. 足利義政 — 伊藤喜良
41. 蓮如 — 神田千里
42. 日野富子 — 池田裕子
43. 武野紹鷗 — 鴨浩靖
44. フランシスコ・ザビエル — 浅見雅一
45. 織田信長と豊臣秀吉 — 藤井讓治
46. 徳川家康 — 福田千鶴
47. 後水尾天皇と東福門院 — 山口和夫
48. 明智光秀 — 鈴木眞哉
49. 徳川綱吉 — 福留真紀
50. 渋川春海 — 林淳
51. 松尾芭蕉 — 谷地快一
52. 大石内蔵助 — 大石学
53. 近松門左衛門 — 平野敬一
54. 酒井抱一 — 玉蟲敏子
55. 葛飾北斎 — 小林忠
56. 曲亭馬琴 — 高橋修
57. 伊能忠敬 — 星埜由尚
58. 後桃園天皇 — 杉橋隆夫
59. 近松門左衛門 — 小林弘忠
60. 三宅菅原道真 — 小玉敏子
61. 平田篤胤 — 小玉敏子
62. 大塩平八郎 — 藪田貫
63. 坂本龍馬 — 青木美智男
64. 勝海舟 — 高橋敏
65. 小林一茶とシーボルト — 小松原田松岡秀茂
66. 大久保利通 — 伊藤之雄
67. 西郷隆盛と岡田以蔵 — 佐藤雄基
68. 島津斉彬 — 原田敬一
69. 岩倉具視 — 佐々木克
70. 木戸孝允 — 坂野正正人
71. 徳川慶喜 — 菅井正勲
72. 西郷隆盛 — 大久保健晴
73. 明治天皇 — 佐々木隆
74. 後藤象二郎 — 鈴木淳
75. 福澤諭吉 — 坂本隆通
76. 伊藤博文 — 瀧井一博
77. 福澤諭吉 — 池田勇太
78. 井上馨 — 神山誠
79. 河野広中と田中正造 — 交政恒男
80. 森尚美 — 我部政男
81. 森鷗外 — 鈴我部政男
82. 桂太郎 — 永井和
83. 平塚らいてう — 差徳
84. 原敬と原敬 — 西本豊野
85. 大山巌 — 大澤博明
86. 芥川龍之介 — 小林信也
87. 三ヶ原章次郎 — 鳥羽耕史
88. 松田満 — 斎藤敬次郎
89. 東条英機 — 加藤陽子
90. 浦田稔 — 塚瀬進
91. 松岡洋右 — 中野目徹
92. 三島由紀夫 — 森岡正俊
93. 平塚らいてう — 原口和久
94. 西園寺公望 — 伊藤之雄
95. 渋沢栄一 — 木村昌人
96. 斎藤実 — 小林秀一
97. 松田中義一 — 斎藤聖二
98. 東條英機 — 塚田浩幸
99. 吉田茂 — 松田道子
100. 白洲次郎 — 北康利

(〈数字なし〉白文字は既刊)